« *Je m'voyais déjà, en haut de l'affiche…* »
Charles Aznavour
1960

Éditions d'Organisation
1, rue Thénard
75240 Paris Cedex 05

Avertissement. À l'heure où nous imprimons, unhomme.com appartient à la société Passions d'Homme, placée en liquidation judiciaire après dépôt de bilan.

Cela n'empêche en rien qu'à l'avenir cette société puisse faire l'objet d'une reprise.

Nicolas Riou

Comment j'ai foiré
ma start-up

Deuxième tirage 2001

Éditions d'Organisation

À toute l'équipe d'Unhomme.com

Tous mes remerciements
à Julien Levy et Jean-Jacques Guevel
pour leur relecture attentive et leurs conseils avisés.

Jeudi 26 avril 2001. Nous sommes debout, comme des écoliers qui auraient fait une faute, face à trois juges du Tribunal de Commerce, Quai de Corse, à Paris. Motif de la convocation : dépôt de bilan de la société Unhomme.com. Depuis le vendredi 13 avril, nous sommes en cessation de paiement. Cas rare dans ces rencontres souvent difficiles entre un juge et des entrepreneurs, le président s'étonne de notre décision. Un compte d'exploitation pas si désastreux, un passif bien raisonnable… Oui, mais en l'absence d'apports financiers extérieurs, notre modèle économique n'est pas viable. Défiant toutes les lois de l'économie, nos dépenses sont structurellement supérieures à nos rentrées. La question est réglée. Le dossier va passer entre les mains d'un liquidateur. La rencontre aura duré un quart d'heure.

Qu'avons-nous fait pour mériter ça ?

Quelques mois plus tôt, en janvier 2000, confortablement installé dans mon bureau, je regarde le flux incessant des voitures défiler sur les Champs-Élysées. Tout va plutôt bien pour moi : une grande agence de publicité m'a confié la responsabilité de l'élaboration des stratégies de communication de son client fétiche. Le client m'apprécie, une carrière bien balisée m'attend.

Pourtant, tout n'est pas si rose. On se prend parfois à rêver de plus de rapidité. D'une plus grande autonomie dans les prises de décision. D'un peu plus de risque aussi. C'est peut-être les rêves de gosse qui remontent à la surface. Derrière l'envie d'entreprendre, il y a autre chose, l'envie de travailler différemment !

Un vent de liberté souffle sur l'économie, en ce début d'année 2000. Le nouveau millénaire est l'âge de l'expression de soi. Les experts et autres « sociogourous » sont unanimes. Même Faith Popcorn, pourtant à l'origine du terme, est catégorique : le *cocooning*, c'est fini ! Les maîtres mots de l'époque sont la créativité, l'autonomie, la responsabilité individuelle, la liberté, la recherche de différenciation. L'individu revendique le droit de se gouverner lui-même. On rejette les situations figées qui enferment dans une voie unique et définitive. Bref cela craque de toutes parts dans le système. Les démissions s'accumulent sur les bureaux des dirigeants des plus prestigieuses entreprises.

Le Nouvel Eldorado ? Internet.

On en parle alors comme d'un nouveau Far West où les cartes sont redistribuées, où tout est possible et la fortune sourit aux audacieux. Comme lors de la conquête de l'Ouest américain, il suffit d'arrêter son chariot, s'approprier un carré de terrain, tomber la chemise, prendre sa pioche et commencer à creuser. Les pépites sont là. Elles ne tarderont pas à s'offrir aux plus audacieux. Chacun a entendu parler de Jeff Bezos, le fondateur d'Amazon, de Jerry Yang le créateur de Yahoo… ils ont à peine 30 ans et voilà qu'ils rivalisent avec les plus éminents chefs d'entreprise, quand ils ne les rachètent pas. Alors pourquoi laisser passer le train ? Il ne repassera pas deux fois, il ne s'agit pas de le rater. Paris frémit. Il suffit de sortir dîner pour tomber sur un jeune ambitieux qui vient de démissionner pour créer ou rejoindre une start-up prometteuse. Chacun a un projet auquel il consacre secrètement ses soirées et ses week-ends. Tout le monde a une idée qui va, c'est certain, le rendre riche ; et presque en s'amusant !

La nouvelle économie va tout balayer sur son chemin. Pourquoi continuer à s'ennuyer en faisant ses courses dans la cohue du samedi après-midi quand on peut choisir un cadeau en ligne, sans bouger de chez soi ? Pourquoi s'acharner à vouloir acheter un journal quand on peut surfer sur un portail, où, au delà des simples enquêtes et reportages, on pourra dialoguer avec des internautes qui partagent les mêmes centres d'intérêt que vous, écouter de la musique, voir des vidéos ? Réserver un hôtel pour vos vacances, obtenir une information délicate en quelques clics, communiquer avec des amis éloignés... tout semble devenir possible, facile, ludique. Sans compter les nouvelles possibilités offertes par le net : sites d'achat groupé, à plusieurs on fait baisser les prix, sites de ventes aux enchères, comparateurs de prix...

Internet, c'est la révolution. Un vrai carrefour entre tous les médias traditionnels, qui vont prendre un sérieux coup de vieux, promis-juré ! Et puis, c'est un peu comme le loto : c'est facile et ça peut rapporter gros. Les investisseurs ne sont pas les derniers à être fascinés par cette effervescence : plutôt mourir que de laisser filer un projet prometteur entre les mains des concurrents. Les capitaux affluent, il n'est pas si difficile de trouver de l'argent. D'ailleurs la bourse est euphorique. Aux États-Unis, le NASDAQ pulvérise chaque jour ses propres records et propulse tout ce qui touche au net aux firmanents boursiers en un clin d'œil ou presque. Les médias se font l'écho de cette effervescence. Pas un jour sans qu'un article ne vante les prouesses de telle ou telle start-up. Une bonne équipe, un projet qui tient la route, un *business plan* en béton et le tour est joué. C'est clair, il faut y aller. On n'y connaît rien ? C'est pas grave, on apprendra !

La ruée vers l'homme

Hiver 2000

Il est 19H30 ce lundi 20 Janvier. Le téléphone sonne : « Bonjour, je m'appelle Philippe R.... ». Gagné par la fièvre du net, Philippe m'apprend qu'il est en train de développer un projet de start-up, ciblant les hommes. Selon lui, l'idée a un potentiel formidable, le marché de l'homme est en proie à une forte dynamique :

À l'origine, une rupture sociologique. L'homme d'aujourd'hui n'est plus ce qu'il était. Le modèle traditionnel du macho, centré sur la réussite, le pouvoir, le contrôle de ses émotions, la compétition, la domination sur les femmes, est jugé trop contraignant dans une époque qui privilégie l'épanouissement personnel. On veut désormais s'inventer soi-même, plutôt que de reproduire un modèle préexistant. Le pari est celui de la « virilité positive ». Un homme qui ne renonce pas à l'éternel masculin, tout en s'ouvrant à de nouvelles dimensions de sa personnalité, plus proches de l'univers féminin. Cet homme-là fait rêver tous les annonceurs de secteurs longtemps boudés par les hommes, « les vrais » : cosmétique, mode, minceur, bien-être… commencent sérieusement à s'y intéresser. Il représente une véritable communauté, partageant un style de vie, des centres d'intérêt. Et on connaît la capacité d'internet à rassembler les communautés. Pourtant, il n'y a pas encore d'offre internet s'adressant aux hommes. Il s'agit donc de combler un manque, et être les premiers à occuper le créneau du masculin.

***

Philippe a observé avec beaucoup d'attention le décollage récent de la presse masculine. Son projet est encore un peu flou, mais il s'agirait d'un site s'adressant aux hommes de 20 à 45 ans, et leur proposant une foule d'idées, de services et d'informations pratiques sur leurs centres d'intérêt.

Converti assez tôt aux joies de la vie d'entrepreneur, Philippe a créé le Salon Passions d'Homme, tenu en

© Éditions d'Organisation

mars 1999 au Quai Branly, à Paris. Un vrai succès : 12 000 visiteurs, 116 annonceurs spécialisés. Il a su tirer les leçons du salon, ciblant un homme trop traditionnel et conservateur : plutôt le style Rolex-Jaguar-Playboy, que le nouvel homme, explorateur des dimensions féminines de sa personnalité. Philippe est rassurant : HEC de 45 ans, il compte de nombreuses relations dans les milieux financiers et dans le monde des affaires.

Planifiant d'écrire un ouvrage sur la façon dont la publicité et la culture médiatique reflètent les évolutions socioculturelles de la masculinité, j'ai réalisé une étude de fond, ambitieuse. Celle-ci est le fruit de rencontres avec nombre de rédacteurs en chef de journaux masculins, d'éminents sociologues spécialistes du sujet, d'experts marketing gérant des marques ciblant les hommes. Elle dresse une typologie des différents types d'hommes présents dans les imaginaires socioculturels. Et cherche à cerner les images du « nouvel homme » dont parlent si souvent les médias. Est-ce un homme féminisé, un homme influencé par la culture homosexuelle, un homme en crise, ou encore un homme bien dans sa peau, égal des femmes tout en revendiquant sa différence, viril sans être macho ?
Au vu de cette étude, Philippe me contacte. Au début, il n'est question que de le conseiller sur les dimensions

stratégiques de son projet, et puis, rapidement, il me propose de m'associer à lui. Son équipe est encore fragile, il n'y a pas véritablement de fortes compétences marketing, et mon expérience publicitaire serait la bienvenue. Les investisseurs apprécieront : commençant à être échaudés par l'inexpérience de nombreuses équipes dirigeantes, ils valorisent son expérience managériale, ajoutée à ma connaissance marketing du marché, devraient faire la différence, le moment venu. Le changement ne me fait pas vraiment peur, l'aventure m'excite, je m'engage à quitter la publicité une fois les fonds levés auprès de capitaux risqueurs, pour diriger le futur site. Il s'agit tout de même d'inventer le site de la nouvelle génération masculine. Un projet tellement séduisant qu'il devrait être déclaré d'intérêt public !

* * *

Quelques semaines plus tard, le concept Unhomme.com est défini. Ce dimanche de travail aura été long et éprouvant, mais nous y sommes : plutôt qu'un site « abdos/minceur/sexe clean » façon Men's Health, Unhomme.com sera le site de l'homme dans toutes ses dimensions, des plus traditionnelles, aux plus émergentes. Il s'adressera en priorité aux hommes de 25 à 35 ans, en phase d'installation dans la vie, cherchant à élargir leurs horizons par rapport à l'adolescence. Il y a un modèle américain, Theman.com, il doit donc bien y avoir un marché.

Les sites féminins nous ouvrent la voie : créés un an avant, leurs levées de fonds ont été spectaculaires. Newsfam.com a été lancé en septembre 1999. Après avoir connu quelques déboires au lancement (lancé sous le nom Desfemmes.com, le site a dû être rebaptisé suite à un procès intenté par la librairie Desfemmes), il prend un nouveau départ au début de l'année 2000. Newsfam, le nouveau nom est moins explicite et plus complexe à orthographier sur un clavier, mais Alexandra de Waresquiel et Chine Lanzmann, les fondatrices, anciennes de Canal Plus, le positivent en expliquant qu'il est plus international. Newsfam.com est un nom qui peut voyager, permettant à la marque de rester identique dans tous les pays européens où elle sera présente. En pleine fièvre de l'internet, le réseau des deux anciennes journalistes joue à plein : les retombées médiatiques sont importantes. Le site obtient ainsi deux pages dans le Nouvel Observateur consacrées à la vie quotidienne chez Newsfam.com, ou la diffusion au 20 heures d'un reportage sur la visite officielle du Président de la République, Jacques Chirac, dans les locaux du site. Il faut dire qu'ils sont emblématiques de la nouvelle économie : une déco originale, « à la suédoise », privilégiant les couleurs flash pour le côté

« Funky Business ». Dans l'univers des start-ups, les locaux sont un vecteur d'image important : ils doivent donner à la société une image de créativité, de facilité, de jeunesse et obligatoirement avoir un côté branché. Et puis Newsfam est situé sur la rue du Faubourg du Temple, donnant sur la Place de la République à Paris, ce qui lui a valu le surnom de Republic Alley. Une localisation emblématique de la nouvelle économie. Début 2000, les quartiers les mieux desservis par le câble sont le Sentier et la République. Les start-ups s'y précipitent, générant une montée en flèche du prix des locaux.

Newsfam se définit comme un site branché, qui s'adresse aux femmes « intelligentes », âgées de 20 à 30 ans, et leur propose de nombreuses idées sur leurs centres d'intérêt. L'ambition est clairement affichée : détrôner les magazines papier et devenir le « Elle » de l'an 2000.

Aufeminin.com a été lancé plus discrètement. D'abord financé sur les fonds propres des fondateurs, en septembre 1998, il s'est développé lentement mais sûrement. Son équipe fondatrice, sortie de Polytechnique et de Mc Kinsey, est moins « show off », mais plus rassurante que celle de Newsfam. Les investisseurs apprécient et misent 25 MF sur le développement du site. Assez rapidement, Aufeminin se démarque de Newsfam par la grâce d'une équation gagnante : interactivité et communautés. Les articles sont présentés sous forme de quizz, jeux ou tests... L'internaute peut ainsi obtenir une réponse personnalisée, adaptée à l'information qu'il a donnée sur lui-même. En multipliant les clics, cette technique présente une dimension ludique. Mais elle a aussi l'avantage de développer le nombre de pages vues (chaque clic équivalent à une page vue), permettant à Aufeminin d'atteindre rapidement des résultats d'audience significatifs. Aufeminin est un site moins branché que Newsfam, mais son succès repose sur l'animation d'une véritable communauté, sur le modèle des sites féminins américains iVillage ou Women.com. Les forums d'Aufeminin.com ne désemplissent pas. Tous les sujets, même les plus salaces, y sont débattus.

Derrière le démarrage éclair de ces deux sites, c'est un modèle économique qui est validé. Le modèle publicitaire, « Business to Consumer » (BtoC pour les initiés)[1]. Le principe est le même que celui de la presse magazine : vendre aux annonceurs des espaces publicitaires permettant de toucher une cible « profilée », d'autant plus appréciée que les femmes sont encore rares sur le net. Les revenus générés par la publicité doivent rapidement suffire à faire tourner le site.

---

1. **Business to Consumer (BtoC)** : site à destination du grand public, reposant généralement sur la publicité.

Compte tenu des fond importants investis lors de la création du site, l'équilibre ne pourra être atteint qu'en 2002. Mais ensuite, c'est un véritable pactole. Tous les frais de développement du site étant absorbés, les revenus publicitaires doivent dépasser largement les frais de fonctionnement du site. Cependant il y a un « hic », qui ne tardera pas à faire des ravages sur les sites internet. Devenir un des sites référents, atteignant un niveau de trafic suffisant pour que les grandes marques s'intéressent à vous, implique d'importants investissements publicitaires, nécessaires à la construction d'une notoriété suffisante. En période de confiance dans le modèle, personne ne s'arrête à ce petit détail. Après tout n'est-il pas écrit au sujet de Yahoo dans « *Les business models de la nouvelle économie* » (B. Maître et G. Aladjidi), la bible du net-entrepreneur de l'époque, que « Quatre ans après sa création, il s'agit de la preuve éclatante qu'un modèle fondé au départ sur la seule publicité peut être couronné du plus grand des succès ». De quoi vous donner du cœur à l'ouvrage !

* * *

L'essentiel est la vitesse : devenir plus vite que les autres le référent sur son marché. On sait que les challengers, ceux qui ne parviendront pas à dépasser la troisième ou quatrième position, ne survivront pas. Il faut donc investir très vite pour préempter le leadership du marché avant les autres. Tout cela coûte des fortunes, mais peu importe. Une fois la marque installée, l'avantage pris sur les concurrents vaudra de l'or. Les revenus publicitaires ne manqueront pas d'abonder, propulsant la valorisation du site aux firmanents du net, faisant perdre raison aux investisseurs les plus avisés, et surtout..., surtout, installant ses fondateurs au top des jeunes fortunes de la nouvelle économie.

Tel est l'état d'esprit en ce début d'année 2000 où les premiers nuages n'ont pas commencé de ternir le ciel de la nouvelle économie. Naïf ? Pas vraiment. Aussi surprenant que cela puisse sembler aujourd'hui (il semble parfois, à en écouter certains, que tout le monde avait prévu le krach de la net-économie) chacun y croit. Et on le voit. Les pionniers ont été récompensés par une fortune rapide. Aux États-Unis, on dit que le Français Laurent Massa, fondateur du site communautaire Xoom.com, a revendu son site plusieurs centaines de millions de dollars. Plus près de chez nous, Orianne Garcia, la créatrice de Caramail annonce la cession à Spray le 9 février 2000, pour un montant évalué à 500 MF... Ou encore Charles Beigbeder le patron de Selftrade, revendu à l'allemand Dad pour la modique somme de 6 milliards de francs. Ces fortunes ont été construites en deux ou trois ans, sur la base du modèle BtoC, laissant aux observateurs un sentiment de facilité, qui provoque une réaction humaine, trop humaine : « Pourquoi pas nous ? ».

Après plusieurs week-ends de travail acharné, nous finissons par mettre un point final à *notre business model*, c'est-à-dire à la structure de notre offre et la façon de générer nos revenus. Unhomme.com sera un site BtoC, s'appuyant sur un *business model* en béton. Pas un petit business model des familles, reposant essentiellement sur la publicité. Une vraie machine à cracher du cash !

Aux perspectives mirobolantes offertes par les formats traditionnels de la publicité en ligne, les fameuses bannières, nous ajoutons les opérations spéciales. Le site féminin iVillage a fait ça aux États-Unis pour Ford : un espace de plusieurs dizaines de pages web à l'intérieur du site, dédié au constructeur automobile. Ford peut y tenir un discours d'entreprise citoyenne sur l'automobile au féminin. En grattant un peu, on découvre un discours très commercial, présentant les modèles de la marque et orientant vers le site Ford.com. Cet espace conçu sur mesure pour Ford s'est monnayé à prix d'or. Il n'en fallait pas plus pour nous donner quelques idées… Pourquoi ne pas proposer à la SNCF un espace présentant le « Tour de France des weeks-ends sympas », et montrant combien l'offre

Découvertes de la SNCF est bien adaptée à ce type de week-end. Et si on proposait à Renault un espace dédié, où la marque au losange pourrait tenir un discours sur la sécurité et l'environnement. Ou encore à Biotherm ou NivéaforMen un guide du soin au masculin, utilisant l'interactivité pour donner aux internautes des réponses adaptées à leur type de peau. Le potentiel de ce type d'opération est illimité. Chaque marque peut rêver d'un espace où présenter de manière originale et attractive son offre. Et ce type de proposition n'existe toujours pas sur un marché encore jeune. Les opérations spéciales seront notre premier point de différenciation par rapport au modèle publicitaire traditionnel.

Ce *business model* en or a une seconde facette : la vente en ligne. Oubliant un peu vite qu'il y a moins de 200 000 internautes acheteurs en France, et misant sur un développement rapide du e-commerce, nous prévoyons une boutique intégrée dans le site. Sur le bon vieux modèle de la fameuse rubrique « La défonce du consommateur », du magazine Lui, notre boutique présentera toute la panoplie des produits spécifiques aux hommes : gadgets technologiques, vêtements de sport, vin, produits de soin, DVD, jeux vidéos… un vrai temple de la consommation au masculin. Et cette boutique sera déclinée sur chacune des rubriques du site : à la rubrique consacrée aux voyages correspondra une offre tourisme, dans la rubrique Forme, nous inté-grerons un espace offrant des produits de muscula-tion... Le tout sera relayé par du rédactionnel. À nouveau média, nouvelles possibilités. Des articles trai-tant d'un sujet, peuvent être accompagnés d'une offre commerciale, signalée par la simple présence d'une mention « Cliquez ici pour l'acheter ». Un vrai festival de l'achat d'impulsion en perspective ! En ligne de mire : la période de Noël 2000, celle qui, selon tous les experts du e-commerce, va voir l'achat en ligne exploser.

À la vente en ligne, se superpose une offre d'études, à destination des annonceurs. C'est la dimension BtoB[2] de notre modèle, celle qui fait la différence. Outre-Atlantique, le marché des études est propulsé par le développement rapide des études en ligne. Unhomme.com peut rapidement mettre en place un panel de quelques milliers de consommateurs mascu-lins. Cet outil permet sur simple e-mail de soumettre à un échantillon représentatif de sa cible un projet de nouveau produit, ou de campagne publicitaire. En un temps record, sans frais de déplacements ou de location

2. *Business to Business* (**BtoB**) : site dont la vocation est de four-nir un produit ou service à des sociétés (autres sites ou entre-prises du monde « réel »).

de salle, on obtient l'opinion des consommateurs, grâce à la communication par e-mail.

Au delà des études, notre objectif-clé est de construire notre base de données comportementale. Un outil qui, selon les observateurs du marché les plus avisés, va valoir de l'or. Le principe est de recueillir un maximum d'informations sur les internautes par tous les moyens possibles. Le Club Unhomme.com proposera aux internautes un grand nombre d'avantages : promotions, offres spéciales, invitations à des avant-premières... En échange de ces inestimables trésors, l'internaute se montrera certainement tout disposé à répondre à un questionnaire, contenant une trentaine de questions sur ses centres d'intérêt, son lieu et type d'habitation, son niveau de revenus... Celui qui ne sera pas convaincu par les avantages du Club se laissera bien tenter par un jeu, un test, un quizz... autant de moyens ludiques et non contraignants de lui poser quelques questions. On participe au jeu, et au moment le plus crucial, celui où l'on doit enregistrer ses réponses pour espérer gagner un prix, un mini-questionnaire apparaît. Imparable.

Ainsi constituée, la base de données comportementale deviendra notre trésor de guerre. Tout le marché bruisse alors de chiffres tous plus impressionnants les uns que les autres sur ces fameuses bases de données, sorte d'arme absolue du web. Elle permettra d'envoyer des e-mails commerciaux ciblant précisément les centres d'intérêt des internautes. Mais, surtout, elle constituera le principal élément de valorisation d'un site. Lors de la revente, le prix de certains sites peut-être uniquement calculé sur l'étendue de leur base de données. Les plus optimistes n'hésitent pas à avancer le prix de 100 dollars l'adresse. Pas besoin d'avoir la bosse des maths pour calculer qu'une simple base de données de 10 000 membres peut alors se monnayer 10 millions… et commencer à entrevoir les joies de la vie de rentier.

Enfin, il y a le Salon. Un atout supplémentaire dans notre jeu : celui qui nous fait passer du modèle de la simple start-up « Click only » au redoutable modèle « Click and mortar ». Le marché ne jure plus que par le « Click and mortar ». Il s'agit de la conjugaison de l'internet et d'une tête de pont dans la vie réelle. Pour un site d'e-commerce, ce sera un réseau de boutiques en centre ville. C'est ainsi que le site PC City, soutenu par le leader anglais des produits électroniques, Dixon, planifie son développement. Ou encore le rachat d'un titre de presse : *Oui Magazine* a ainsi été racheté par Alafolie.com, site spécialisé dans le mariage.

Pour nous, ce sera un Salon. Une évidence pour une équipe qui bénéficie de la présence de l'ancien fondateur du Salon Passions d'Homme. Le Salon Unhomme.com est conçu pour aller plus loin que la simple transposition du site dans le monde réel : il a

© Éditions d'Organisation

vocation à devenir un lieu privilégié de rencontres et d'échanges aidant les hommes à s'approprier au mieux les changements qui affectent notre époque. Évolutions de la téléphonie mobile, nouveaux sports émergeants, lutte contre le stress, beauté au masculin, bien-être, équilibre et psychologie, nouvelle paternité, tendances de la mode, séduction et relation avec les femmes, nouvelles possibilités offertes par internet, avènement d'une société tournée vers les loisirs... Le Salon unhomme.com ouvre des pistes, apporte des réponses, génère des idées. Espace de rencontres, il permettra à nos internautes de faire connaissance avec les acteurs du site, ainsi qu'avec les personnalités qu'il aura pu rencontrer sur le site. Derrière ce positionnement destiné à séduire le grand public, le Salon permettra de tester la boutique, dans des conditions réelles. Nous pourrons ainsi évaluer le potentiel de cette boutique, avant d'envisager de la lancer sous forme de « corners » dans les grands magasins, puis en centre ville.

* * *

Bref, sur le papier, notre business model est béni des Dieux. La formule gagnante à tous les coups. Un tel business model, c'est presque déloyal, nous ne laissons aucune chance à nos futurs concurrents.

D'autant plus que le modèle français a vocation à être exporté dans l'année. Conscients de la valeur que représente notre nom, générique du marché, facile à retenir (on n'y est pour rien, mais « homme » et « com », ça rime…) nous nous sommes hâtés de déposer l'équivalent en plusieurs langues européennes. En quelques clics sur le site «Register.com », on peut déposer un nom. Moyennant une somme modique, on en devient propriétaire pour un an. Début 2000, nombre de noms sont encore disponibles. À notre heureuse surprise, nous avons pu déposer « unuomo.com », « einmann.com », « unhombre.com », « planetman.com », un solide atout dans notre conquête de l'Europe. Aufeminin.com prouvait que cette stratégie était porteuse, en débutant son expansion européenne avec les noms « alfemminile » pour l'Italie et «enfemenino.com» pour l'Espagne. D'autres, comme Kazibao.com, le site portail des enfants, avaient fait le choix d'un nom unique pour l'ensemble des pays européens. Aucun site masculin n'est alors présent en Europe. Nous allions commencer notre développement par l'Espagne pour exploiter le réservoir d'internautes que représentent les pays d'Amérique du Sud. Sans tarder nous passerions à l'Italie, pays moins avancé en matière de fréquentation d'internet. L'Allemagne, le plus gros marché, suivrait rapidement. Et nous terminerions fin 2001 par l'Angleterre, marché le moins facile du fait de fortes différences culturelles et de la concurrence américaine. Sur place une petite équipe de 4/5 personnes ferait l'affaire, 60 % du contenu environ étant conçu pour voyager. Les économies d'échelles joueraient pleinement. Pour ambitieuse qu'elle puisse sembler aujourd'hui, la dimension européenne était une condition sine qua non posée par les investisseurs. La fameuse course à la taille critique... Si nous n'atteignions pas rapidement cette taille, d'autres le feraient avant nous et nous mettraient en position de faiblesse. Nous perdrions alors notre avantage de premier entrant sur le marché, et le *leadership* ambitionné sur le marché masculin. Le modèle publicitaire ne peut fonctionner qu'avec un nombre important d'internautes. Il est entendu que la création du site, le recrutement des équipes, les premières opérations marketing seront fort coûteux, mais ces frais seront amortis sans tarder par le potentiel publicitaire que représente le marché européen. Selon nos estimations, un marché de 29 millions d'hommes internautes, âgés de 25 à 49 ans en Europe. Une vraie manne !

Il pouvait sembler bizarre de vouloir faire en un an ce que la presse avait mis 20 ans pour développer, et encore de manière imparfaite. Mais notre élan entrepreneurial n'allait pas s'arrêter à ce type de détails. Nous étions tout de même dans la nouvelle économie et chacun sait que la notion de vitesse y est sensiblement différente.

Si les investisseurs insistent pour que les start-ups atteignent la dimension européenne sans tarder, c'est aussi pour envisager leurs conditions de sortie. Les capitaux risqueurs, et notamment les fonds d'amorçage, ne viennent pas seulement pour se faire plaisir. Ils viennent s'ils estiment que les conditions de sortie du projet, avec une plus-value confortable à la clé, sont faciles à mettre en oeuvre. Dans notre cas, il s'agissait de faire un petite levée de départ, suivie, dès septembre-octobre 2000 par une levée plus conséquente de 25 MF environ (on était prêts à transiger à 24 MF). Ce budget allait permettre de financer le développement de l'équipe, les premiers investissements publicitaires et marketing visant à installer la marque, et le lancement dans un pays européen. Ensuite, il y avait deux hypothèses : une troisième levée de fonds de 60 MF, nous permettant de financer le développement européen, ou directement, une introduction en bourse, au Nouveau Marché (le marché des jeunes valeurs technologiques), à Paris. Nombre de start-ups s'étaient déjà introduites en bourse, comme Kazibao, Artprice.com, le site communautaire Multimania, le site financier Fimatex, la *web agency* Himalaya ou la régie Hi-Média... L'introduction permet de lever des sommes beaucoup plus importantes que celles que peuvent investir des financiers. Un apport de 120 MF, pour 30 % du capital, est tout à fait envisageable. Après, le calcul est simple : si 30 % du capital vaut 120 MF, la valorisation de la société peut atteindre la somme vertigineuse de 400 MF. Admettons que les fondateurs aient conservé 15 % du capital (à chaque nouvelle injection de capital, la part des fondateurs se réduit, c'est la dilution), ils peuvent se répartir la modique somme de 60 MF. Faire fortune sur le net, c'est aussi simple que ça !

Les financiers exigent que les actions des fondateurs soient bloquées un certain temps, pour éviter qu'ils abandonnent le navire. Néanmoins, après 2 ou 3 mois, une partie du capital peut être réalisée. Les investisseurs du premier tour, ayant apporté par exemple 2 MF pour 10 % du capital, peuvent revendre leurs parts pour 40 MF. On sait que ce schéma de développement ne marche pas à tous les coups, que certaines de leurs sociétés ne pourront être revendues. Néanmoins, il suffit d'un ou deux succès dans l'année, pour voir la vie du bon côté.

Les financiers disent oui !

Printemps 2000

En février-mars 2000, le marché est euphorique. Alors que nous peaufinons notre dossier, les levées de fonds se succèdent à une cadence accélérée. Il ne se passe pas un jour sans que les médias ne consacrent un dossier spécial à la nouvelle économie, sans qu'un ami, une relation ne démissionne pour monter un site ou rejoindre un projet existant. C'est le moment de faire le pas… Pendant deux mois, la société toute entière fonctionne au rythme de l'internet. Nombre de titres d'ouvrages pastichent l'univers internet (www.capitalisme.fr d'Alain Minc, qui sera suivi de « J6M.com » de Jean-Marie Messier…). Certains grands groupes n'hésitent pas à engager la stratégie générale de l'entreprise sur internet (« Bienvenue dans la vie.com », signature publicitaire de France Télécom). Il est clair que la nouvelle économie va prendre le pas sur l'ancienne : la fusion AOL-Time Warner n'est-elle pas là pour nous le rappeler ? En Décembre 1999, AOL prend le contrôle de Time Warner. Pour la première fois, une entreprise internet absorbe un géant de l'économie traditionnelle dans une logique de synergie entre le contenant et les contenus apportés par Time Warner.

Les dîners en ville résonnent au son des projets en cours. Internet est à la mode, ça fait toujours bien d'annoncer une prochaine levée de fonds. Avide de partir à la conquête de ce nouveau monde, j'adopte rapidement la panoplie du jeune créateur de start-up : mon Nokia 7110 (pour le WAP) et mon *Palm Pilot* ne me quittent plus. Pour la BMW Z3, il faudra attendre la seconde levée de fonds… Fort de ces signes extérieurs, j'apprends à aborder les discussions sur un mode décontracté : « Je monte une start-up avec un associé. On est débordés, en pleine levée de fonds. Je ne devrais pas vous le dire, mais demain, je présente mon *business plan*[3] à la BNP pour un ticket d'entrée de 25 MF. L'IPO (comprendre introduction en bourse au Nouveau

---

3. ***Business plan :*** document présentant la stratégie et le compte d'exploitation prévisionnel d'une société. Ce document est présenté aux investisseurs comme support de la levée de fonds.

Marché) est prévue pour l'hiver prochain, dans la foulée de la seconde levée… ». La décontraction est absolument indispensable. Elle doit donner l'impression qu'on fait tout ça en s'amusant, même si quelques accents sérieux rappellent que l'on est conscient de l'énormité des sommes en jeu. Cela doit être ça le *Funky Business* ! À une époque où les Cassandre sont encore rares, il est toujours délectable de surprendre une réaction envieuse de la part de vos interlocuteurs, du type « Merde, cet idiot est en train de réussir. Je devrais peut-être y aller moi aussi… » ou « Moi aussi, j'ai eu une bonne idée il y a six mois. Pourquoi n'ai-je donc pas foncé ? ».

* * *

En ces temps reculés, le maître mot du marché est « confiance ». Confiance des investisseurs dans le potentiel des projets qui leur sont présentés. Confiance des managers de la nouvelle économie dans le développement de leur marché. En février 2000, une bonne partie de l'argent des investisseurs est transformée en campagnes de publicité ornant les murs du métro parisien ou les écrans TV. Selon le sacro-saint principe marketing décrétant qu'il est beaucoup moins coûteux de recruter des internautes en l'absence de concurrence, quand on fait encore cavalier seul sur son marché, les jeunes pousses redistribuent leur budget aux médias et aux publicitaires. Nombre d'entreprises qui auront disparu un an plus tard, investissent des millions en publicité, pour acheter de la part de marché et devenir le leader incontesté avant que la concurrence n'ait pu s'organiser. Du pain béni pour les agences de pub, qui commencent à monter des structures dédiées aux dotcoms. Il faut dire que celles-ci ne lésinent pas : Club Internet fait appel à Luc Besson, Worldonline à Christopher Reeves, Liberty Surf à Lénine et Fidel Castro… Pourtant, les erreurs de communication se multiplient : les responsables des campagnes sont trop inexpérimentés ou cèdent à la hâte. On ne comprend pas le film de Besson pour Club Internet ? Qu'à cela ne tienne, on en développe un second… toujours avec Besson. Les plus grandes agences du marché sont contactées par Newsfam.fr pour développer une campagne en trois jours, quand il faut trois mois dans l'économie réelle. Résultat, c'est à peine si on n'a pas oublié le logo… Le site communautaire Multimania développe une campagne très originale présentant des internautes de la communauté transformés en secte des « adorateurs du poireau » ou en « collectionneurs de thon ». Oubliant simplement qu'un internaute aura du mal à s'identifier dans ces profils décalés, et qu'il y a un risque pour que l'image donnée soit celle d'un site où se retrouvent tous les « tordus ». Sanction : Multimania change d'agence pour revenir à une campagne plus sage. La palme revient sans doute au supermarché en ligne Houra.fr qui signe une belle campagne sur le thème de la paresse (« Oui c'est de la paresse, et alors ? » disent les accroches, montrant des produits en apesanteur, voler directement chez le consommateur). La campagne fait son travail et le site recrute des clients. Sauf qu'à l'époque celui-ci n'est pas encore rôdé, et bien incapable de livrer la totalité des produits commandés...

Impressionnés par cette débauche de moyens publicitaires, nous prévoyons un budget de 25 MF pour appuyer notre lancement et devenir la marque référente sur son marché. Avant même que notre site soit lancé, notre agence de pub bosse dur sur des projets de campagne de lancement.

Car nous avons une agence de pub ! Qui nous a conçu une signature publicitaire « gonflée » : « Unhomme.com pour les hommes point barre », tout un programme. À gros projet, grosse équipe : un leveur de fonds[4] nous aide à peaufiner notre *business plan*, des *web agencies*[5] sont mises en compétition pour le développement du site, une agence de relations publiques travaille sur le

---

4. **Leveur de fonds** : société ou individu spécialisé dans la recherche de fonds pour les start-ups.

5. *Web Agency* : agence interactive. Son role est de concevoir et developer des sites internet.

lancement... Autant d'atouts visant à prouver le profes-sionnalisme d'unhomme.com aux investisseurs. Malheureusement, le leveur de fonds perd du temps. Il a pourtant un rôle absolument fondamental dans le démarrage d'une start-up : aider l'équipe dirigeante à accoucher d'un business plan définitif, et surtout, placer ce business plan chez les investisseurs. Ceux-ci reçoivent alors une centaine de projets par jour. Tout l'art réside dans le fait d'être placé sur le haut de la pile. Et pour cela, rien de tel qu'un petit coup de fil de quelqu'un de confiance. Nous n'avons pas choisi les grands leveurs de fonds, eux-mêmes débordés car abreuvés de tous les projets de la place. Les Léonardo, Chausson Finance et autres Netscapital nous semblent inaccessibles. Le pari a plutôt été de faire le choix d'un leveur moins connu, qui sera prêt à nous consacrer plus de temps. Malheureusement, celui-ci n'avance pas à la vitesse espérée et nous découvrons avec horreur que son carnet d'adresses est plus vaste sur le papier que dans les faits. Après avoir perdu un mois précieux en vaines discussions, nous décidons de nous en séparer et d'avancer par nous-mêmes. En mettant les bouchées doubles le week-end et le soir, le business plan définitif est bouclé en quelques semaines. Il s'agit d'un docu-ment d'une centaine de pages, présentant le concept, la politique marketing, et surtout les rentrées financières pour les 2/3 prochaines années. Le document est couronné d'un compte d'exploitation prévisionnel, véritable avalanche de chiffres, preuves éclatantes du sérieux et de la crédibilité du projet. La date à laquelle nous deviendrons rentables est identifiée : fin 2002, nos rentrées seront supérieures à nos engagements. Peu après nous atteindrons des niveaux de rentabilité impressionnants, justifiant une valorisation « astronomique » de la société. Nos chiffres sont comparés à ceux des business plans des sites féminins que nous nous sommes procurés. Nous naviguons dans les mêmes ordres de grandeur, preuve ô combien convaincante que nous ne faisons pas fausse route. Nous ignorons encore que ces chiffres, tout empreints de l'euphorie du moment, sont complètement biaisés, environ 10 fois supérieurs à nos futurs résultats, dans un marché publicitaire qui deviendra catastrophique. La réalité se chargera de nous le rappeler. Avec brutalité.

***

Brusquement, le vent tourne. Toute la semaine du 10 avril a été désastreuse, le NASDAQ a perdu 25,3 %, effaçant tous les gains réalisés depuis le début de l'année 2000. Elle se clôture par un vendredi noir : le NASDAQ perd 9,65 %. L'indice des prix américain inquiète les investisseurs et fait craindre une hausse des taux d'intérêt. À la bourse de New York, c'est la panique. Après plusieurs mois d'euphorie, il a suffi d'une semaine pour que la confiance déserte les valeurs technologiques.

L'univers BtoC est fortement atteint dans sa crédibilité. Après avoir été le modèle star en 1999 et ce début d'année 2000, le krach sanctionne les premiers doutes sur sa capacité à générer suffisamment de revenus. Les coûts qu'impliquent ce type de start-up sont importants : grosses équipes rédactionnelles, frais de marketing comparables à ceux d'une marque déjà installée. En revanche les revenus publicitaires ne sont pas au rendez-vous. Les grands annonceurs restent frileux vis-à-vis du net. Les observateurs constatent que la nouvelle économie tourne en circuit fermé. Les start-ups investissent leurs budgets publicitaires dans d'autres start-ups, qui elles-mêmes réinvestissent une partie de leurs revenus dans la nouvelle économie… Pas très sain comme modèle. Le jour où la confiance s'en va, les investissements s'effondrent. Aux États-Unis, des valeurs phares comme les sites féminins iVillage ou Women.com voient leur cours tomber en flèche. Nous ne le savons pas encore, mais ce n'est que le début d'un véritable chemin de croix pour le BtoC. La question est désormais ouvertement posée : et si les revenus publicitaires ne suffisaient pas à faire vivre les sites BtoC ?

Le BtoC tombe en disgrâce chez les investisseurs ? Qu'à cela ne tienne, la nouvelle économie a encore de beaux jours devant elle : tout le monde ne jure plus que par le BtoB. *Business to Business* : le net semble être un outil merveilleusement adapté pour le commerce inter-entreprises. Efficacité, rapidité dans les transactions, exhaustivité de l'information… autant d'atouts qui ne peuvent que séduire les entreprises. Et puis surtout, un *business model* plus sécurisant pour les financiers : il n'y a pas de marque à installer auprès du grand public. En conséquence, les frais marketing sont beaucoup plus faibles. Les investisseurs n'ont toujours pas digéré d'avoir vu leur argent « dilapidé » en publicité sur les murs de Paris en Février, pour des résultats plus qu'incertains.

Tout cela tombe bien mal pour Unhomme.com. Au moment où nous sommes prêts, alors que notre projet tient bien la route, nous pouvons légitimement lever 25 MF. De nombreux projets moins solides ont réussi à lever des montants similaires. Pourquoi pas nous ? Mais alors que nous amorçons la tournée des investisseurs, l'état d'esprit n'est plus du tout le même qu'un mois avant.

* * *

Pourtant, en ce lundi 20 avril, nous obtenons un premier rendez-vous, l'espoir est là. Nous rencontrons Angel Invest, un petit fonds d'investissement qui marie les fonds familiaux du Groupe Accor et les apports d'une dizaine d'investisseurs particuliers, généralement issus du net. Nous sommes introduits auprès des dirigeants du fonds, qui semblent intéressés par notre dossier. Nous avons de la chance pour notre premier rendez-vous, Angel Invest ne fait pas partie de ces fonds qui tournent le dos au BtoC. La preuve ? Ils ont déjà financé des sites comme Lotree.com, Bebloom.com ou encore Canalchat.com, un site de discussions autour des stars et de l'actualité culturelle. Nous les attendons dans nos locaux, pour un déjeuner informel. Nous sommes un peu tendus, mais la réunion se passe bien. Le courant circule. Nous convenons de les rappeler d'ici 10 jours, une fois qu'ils auront présenté le dossier à leur comité de direction.

Les rendez-vous commencent à s'enchaîner. Nous sillonnons Paris par ce beau mois d'avril, pour présenter le projet, l'équipe, les sources de revenus.
Dans un contexte de défiance vis-à-vis du BtoC, les rendez-vous sont inégaux. Des plus grands aux plus modestes, tous les fonds ayant déjà investi sur internet y passent : BNP Private Equities, Seeft Ventures, ABN AMRO, Apollo Invest, Galileo (les financiers d'Aufeminin) Access to Net, CDC Innovation, Apax Partners (les financiers de Newsfam)…
Premier constat : la pertinence de notre *business plan* est reconnue mais notre projet ne provoque pas une

émeute chez des investisseurs devenus frileux vis-à-vis du BtoC. Certains rendez-vous sont cordiaux, d'autres sont carrément plus brutaux, mettant l'accent sur les points faibles, notamment l'absence de maquette. Comme Saint Thomas, les investisseurs ne croient que ce qu'ils voient. « Comment voulez-vous qu'on investisse sur un simple dossier papier. Faites un site, ou au moins une maquette, et revenez nous voir… ». L'autre frein mis en avant est l'absence de dimension technique dans l'équipe. Du haut de ses 45 ans, qui le positionnent presque en patriarche dans le milieu du net, Philippe fait office de manager expérimenté. Un atout incontestable au moment où les investisseurs se sentent lassés de voir des gestionnaires inexpérimentés ou des « petits jeunes » de 20 ans faire n'importe quoi avec leur argent. Mais toute l'expérience du monde ne peut compenser l'absence d'un bon directeur technique.

Pour ma part, je joue le rôle d'expert marketing dans le domaine du masculin, et de publicitaire averti. Une sorte de garantie de compétence qui rassure les investisseurs sur l'efficacité dans l'usage que nous allons faire de leurs fonds. À Philippe de présenter les tableaux de chiffres, à moi d'exposer la politique marketing, et de montrer comment le projet s'appuie sur une forte dynamique socioculturelle, prouvant que la cible des hommes est en pleine redéfinition et représente un marché publicitaire potentiel important.

Les premiers rendez-vous ne soulèvent pas l'enthousiasme ? Et alors ? Nous n'allons tout de même pas nous laisser décourager par une petite crise boursière, purement conjoncturelle ! Il est écrit dans « *Le Guide du Créateur de Start-Up* » (O. Basso, P. Bielieczky) que la vertu capitale de l'entrepreneur est la ténacité. Nous décidons donc de positiver les enseignements de ces premières rencontres avec les investisseurs.

* * *

Pendant la levée, les travaux continuent. Le temps joue contre nous, il faut avancer sur le projet. Une compétition de *Web Agencies* est organisée, visant à confier à la gagnante la conception et la production du site Unhomme.com. Malheureusement, ces développements prennent du temps, même à marche forcée, et, au fur et à mesure que le temps passe, les doutes du marché vis-à-vis du BtoC ne font que se confirmer.

Nous sélectionnons l'agence Business Lab. Une jeune pousse, vite devenue référente sur le marché, du fait du succès médiatique des Webcamers présents sur le site du Printemps. Cela ne marche pas encore vraiment bien, mais l'idée est là : être en contact visuel avec un vendeur en rollers, appelé Webcamer. Pouvoir par le clavier lui poser des questions et le suivre dans les rayons où il peut montrer les produits désirés. Le genre de truc totalement inopérant alors qu'il faut un temps beaucoup trop long pour télécharger les images vidéos. Mais néanmoins, un vrai « coup » médiatique. L'agence s'occupe en outre des sites d'Air France et de TF1 : rassurant. Et puis Business Lab accepte de parier sur nous. Les termes du deal impliquent que l'agence développe une maquette du site gratuitement, pour nous aider dans notre levée de fonds, et ne commence à facturer qu'une fois les fonds levés. En parallèle, nous nous mettons en quête d'un directeur technique, capable de piloter le projet dans ses dimensions les plus ésotériques pour les néophytes que nous sommes. L'oiseau rare… Une tâche bien ardue pour nous, qui n'avons aucun réseau parmi les férus de la technique, aucune connaissance pour juger de la compétence d'un candidat, qui, grâce au jargon technique, peut nous embrouiller en deux phrases. Vous savez la faire vous, la différence entre les logiciels Broadvision et Dynamo d'ATG, entre l'*html* et le *xml* ? Et pourtant, un poste-clé. Après plusieurs essais, nous sommes dans l'incapacité de trouver un profil adapté au poste. Il faut dire, que ceux-là, le marché se les arrache. En accord avec Business Lab, nous nous passerons donc de directeur technique tant que le site ne sera pas lancé et bien lancé.

Le reste de l'équipe commence à s'impatienter. Nous avions fédéré autour du projet un rédacteur en chef, ancien journaliste sportif, ainsi qu'un directeur marketing. Mais ceux-ci ne peuvent tenir trop longtemps en l'absence de salaires. Le temps passant, la promesse d'une levée de fonds rapide devient de plus en plus incertaine. Les candidats potentiels témoignent tous d'un intérêt pour le projet, mais n'ont pas la patience d'attendre suffisamment. C'est un peu l'histoire du serpent qui se mord la queue ! Pas de fonds, pas d'équipe. Et sans équipe stabilisée, difficile de convaincre les investisseurs. Les collaborateurs se succèdent. Soit ils restent observateurs, refusant de consacrer trop de temps au projet sans être payés. Soit il font un petit tour et puis s'en vont, préférant la sécurité d'un emploi stable au démarrage d'une aventure encore bien incertaine.

Les réunions avec les financiers se succèdent, sans donner plus de résultats. Certains tournent maintenant délibérément le dos au BtoC, ne s'intéressant plus qu'aux projets BtoB. Ainsi Angel Invest nous répond courtoisement que tout investissement dans le BtoC est désormais prohibé en haut lieu. D'autres se disent intéressés, mais seulement pour investir massivement lors d'un second tour, une fois que le site aura fait ses preuves. Il semble désormais clair que le plus dur est de trouver les fonds d'amorçage, ceux qui nous permettrons de démarrer le projet. Une fois que celui-ci aura pris vie, nous aurons suffisamment de pistes pour pouvoir boucler sans problèmes un second tour. Alors que les refus s'accumulent sur notre bureau, la tension monte au sein de l'équipe. Philippe prend conscience que la négociation avec les financiers n'est plus aussi facile qu'il y a quelques mois, et entrevoit la possibilité d'un échec. Soit, pour lui qui s'est attaché au projet dès 1999, quasiment un an de travail non salarié à la poubelle. De quoi vous donner la chair de poule…

* * *

Mais tout n'est pas perdu. Deux facteurs jouent en notre faveur et influencent positivement les investisseurs : l'explosion du marché des sites féminins et la création d'une nouvelle famille de presse masculine.
Depuis quelques mois, les fonds d'investissement font le pari des sites féminins, dont le *business model* est similaire au notre. Après Aufeminin et Newsfam, TF1 annonce son site féminin, Plurielles, Femmeonline s'est lancé, confiant la direction éditoriale à la journaliste de France Info, Yolaine de la Bigne. Vivrefemme.fr se positionne comme un site visant à offrir des solutions pratiques aux internautes féminines. Enfin Elle.fr qui s'est longtemps contenté de reproduire le contenu du magazine en ligne, annonce une vraie logique de complé-

mentarité et affiche des objectifs ambitieux. Les investisseurs apprécient la capacité de ces sites à fédérer une audience féminine, encore minoritaire sur le net. Pour tout annonceur souhaitant s'adresser aux femmes, être présent sur un site féminin est un point de passage obligé. Alors tout de même ! Si 6 sites féminins se disputent le marché des femmes, il doit bien y avoir un créneau pour un site masculin généraliste. Et nous sommes les premiers. D'autres projets circulent sur le marché, mais semblent moins aboutis. Le magazine Monsieur tente de lancer un site, mais ne tarde pas à faire marche arrière. La route est libre. À nous de convaincre les investisseurs que le marché est là.

Depuis deux ans, la presse masculine fait preuve d'un grand dynamisme. Facile pour nous d'argumenter sur le fait que le marché existe : il suffit de voir le succès des nouveaux magazines masculins pour s'en convaincre ! Finis ceux de la première génération de masculins, les Playboy et autres Lui, qui se résumaient aux dimensions les plus traditionnelles du masculin : le charme, le pouvoir, la politique, la réussite sociale avec le cortège de gadgets qu'elle permet de s'offrir. Bref, qui s'adressaient à un homme sûr de lui. Après un trou d'air au début des années 90, une nouvelle génération de presse s'adresse au « nouvel homme ». Et le caricature souvent à l'obsession d'un corps parfait. Les thèmes développés titillent clairement la dimension narcissique des hommes : bien-être, santé, perte de poids, abdos en béton, vitamines, trucs et astuces pour améliorer ses performances sexuelles. Peut-être que le « nouvel homme » a besoin d'être rassuré sur sa virilité... Toujours est-il que le créneau attire les convoitises des groupes de presse. M Magazine ouvre le bal en 1998, rapidement suivi par Men's Health. FHM tente de s'approprier le créneau de l'humour. Optimum cible un homme plus traditionnel et sensible à la mode, quand Max Magazine, plus orienté charme, voit ses ventes se développer lentement mais sûrement. Il semble que ces titres aient trouvé leur marché et les tirages vont plutôt bien. Leur niveau de remplissage publicitaire semble satisfaisant. S'il y a un marché pour la presse, il doit bien y en avoir un pour le net. Les annonceurs sont là, il suffira de les éduquer pour les amener à diversifier leurs investissements sur internet.

Ces arguments portent. Alors que nous commencions à ne plus trop oser y croire, après avoir vu une bonne partie du marché, nous finissons par convaincre Bianca Finance, un fonds d'amorçage déjà présent dans une quinzaine de projets comme le site de vente de vin Rouge et Blanc, ou le site communautaire Cerclo. La réunion s'est bien passée. Le potentiel du marché masculin semble avoir convaincu le dirigeant du Fonds, qui deviendra le président de notre conseil de surveillance. Le *business plan* est validé.

Un investisseur ne vient presque jamais seul sur un projet, mais quand on en tient un, une bonne partie du travail est fait. Les autres, sécurisés, ne tardent pas à vous voir différemment. Le Fonds Nord Innovation, réunissant nombre d'acteurs industriels de la région Nord, annonce son soutien. L'avenir du site se joue dans ces salles calfeutrées où les financiers posent les conditions de leur soutien. Nord Innovation insiste sur le développement d'un réseau de magasins dans la vie réelle, présenté comme un indispensable complément pour Unhomme.com . N'ayant pas le choix, nous acceptons : dès que possible, le site sera prolongé par un réseau de distribution. Enfin, nous avons convaincu une dizaine de *Business Angels*, ces particuliers enclins à investir une partie de leurs économies dans les start-ups dans l'espoir d'une plus-value importante et rapide, de nous apporter leur soutien. Au total, les investisseurs sont prêts à nous apporter 4,5 MF. Reste à passer avec succès l'épreuve des négociations autour du pourcentage de capital que nous sommes prêts à concéder pour ce montant. Après d'âpres négociations, nous concédons 20 % du capital. Si 4,5 MF représentent 20 %, alors 100 % du capital valent 22,5 MF. Me voilà avec Philippe à la tête d'une société de 22,5 MF ! Champagne et soulagement sont à l'ordre du jour. Nous faisons désormais pleinement partie du monde merveilleux de la nouvelle économie. Ce n'est pas pour autant qu'il faut marquer une pause. Au contraire, nous redoublons d'efforts. Il faut rattraper le temps perdu pendant la levée. Les maquettes se succèdent, nous travaillons sur l'architecture du site. Combien de niveaux, quelle ergonomie, quelle fréquence de renouvellement des articles. Ainsi que sur le design : charte graphique, logo, type d'illustrations… Tout ceci se fait en même temps que la nécessaire dimension juridique qui accompagne la levée de fonds : pacte d'actionnaires[6], augmentation de capital, transformation du statut en Société Anonyme…

Les fonds nous seront virés début juin. Nous allons pouvoir passer aux choses sérieuses. À un détail près : au lieu des 25 MF recherchés nous disposons de 4,5 MF. Cela vaut-il la peine de s'attaquer à un projet pareil avec des moyens aussi « limités » ? Nous croyons au projet et décidons de continuer, mais il va falloir adapter notre politique en limitant nos dépenses. Cependant, ce n'est pas si grave. La crise boursière affectant les valeurs internet finira bien par se dissiper. En septembre, avec

---

6. **Pacte d'actionnaires** : document juridique fixant l'ensemble des conditions d'entrée et de sortie des actionnaires, ainsi que leurs droits et obligations.

un site à présenter et des premiers résultats à afficher, les données du jeu seront différentes. Le plus dur nous semble être fait, et la seconde levée apparaît comme une formalité. Même si nous avons bouclé celle-ci au finish et que nous semblons avoir pris du retard par rapport à un marché de moins en moins confiant dans le potentiel d'internet.

Champagne pour la mise en ligne

Été 2000

Début juillet, nous nous installons dans nos
locaux. Il ne s'agit pas d'un loft à République.
Ce n'est pas non plus un ancien théâtre réamé-
nagé, équipé de baby-foot, d'espaces de décompression,
et décoré avec des animaux comme chez Spray. Non,
pour nous, ce sera plutôt une péniche. Une bonne
vieille péniche amarrée sur la Seine, sur l'Ile de
Puteaux, pas très loin de La Défense. Elle n'est plus
tout à fait flambant neuve, mais c'est un parfait
compromis entre l'esprit start-up, pour le décalage,
l'originalité, le petit côté pionnier... et la quasi-gratuité
des loyers.

La péniche commence à s'animer. Les fonds nous permettent de monter une équipe solide en un temps record, bien que les profils experts sur internet soient très demandés. Nous voyons quelques candidats en poste, mais leurs exigences sont trop élevées. Sur le net, 6 mois d'expérience en CDD chez Microsoft suffisent à positionner un candidat en senior. Et puis il y a souvent un préavis de plusieurs mois avant d'être disponible. Or, pour nous, dans plusieurs mois, tout sera joué. C'est tout de suite qu'il nous faut une équipe. Tant pis si elle n'est pas encore très formée sur le net. Elle fera comme tout le monde : elle apprendra en traitant les dossiers.

* * *

Après plusieurs semaines de contacts, nous parvenons à convaincre Emmanuel S. de nous rejoindre au poste de directeur éditorial, et en tant que troisième associé. Emmanuel est un expert de la presse masculine. Il a lancé la nouvelle génération de presse masculine avec *M Magazine*, et occupé pendant trois ans le poste de Rédacteur en Chef du magazine. Un sacré pedigree pour internet ! Nous profitons d'une conjoncture favorable, son journal vient d'être racheté à Édipresse par le Groupe Excelsior. Il se sent un peu à l'étroit dans la nouvelle organisation et a envie d'aller voir ailleurs. Pas évident de le convaincre de nous rejoindre sur notre péniche, alors que le net n'a pas le « statut » que peut avoir un titre de presse. Mais la perspective d'une nouvelle aventure, et l'appât du gain, qui agit pour tous comme un puissant levier, font la différence. Emmanuel a convaincu Yasmina, une journaliste qui a fait ses classes sur internet en collaborant au site Psychonet.fr, de nous rejoindre au poste de rédactrice en chef adjointe. Enfin quelqu'un de familier avec internet dans notre équipe, d'autant plus que Yasmina connaît la dimension technique d'un site : des outils comme Dreamweaver ou Photoshop ne lui font pas peur.

Je structure mon équipe marketing, qui sera chargée de développer les partenariats, nerf de la guerre du *e-marketing*[7]. Tentée par l'aventure, Dominique démissionne de son agence de publicité pour nous rejoindre, au poste de responsable des partenariats.

Il nous reste à trouver les profils techniques, avant de faire tourner le site en vitesse de croisière, à 10. Les trois fondateurs ont une expertise complémentaire sur le marché masculin. Celle-ci devrait faire la différence lors du second tour auprès des financiers. Un journaliste et

---

7. *E-marketing* : marketing sur internet. Assez différencié du marketing traditionnel car reposant largement sur de nouveaux leviers marketing : échange de bannières, partenariats, marketing viral, personnalisation…

un profil marketing spécialisés dans le masculin, ajoutés au fondateur du Salon Passions d'Homme… cela ne nous positionne pas en amateurs et maximise nos chances de succès par rapport à des équipes plus jeunes et moins familières avec la cible.

Cette belle équipe flambant neuve n'a pas de temps à perdre. La mise en ligne est prévue pour début août. La seconde levée de fonds doit démarrer dès fin septembre, il faut que le site ait un peu tourné afin que nous ayons des premiers résultats à annoncer. Un mot d'ordre : rattraper le temps perdu au printemps. Business Lab nous présente plusieurs maquettes. Certaines, sont très « mec » traditionnel, agressives, dominées par le noir. Nous sélectionnons une maquette plus « soft », aux contours bleu métal. Elle doit matérialiser notre volonté de nous situer entre l'homme traditionnel et un homme plus sensible, ne se réduisant à la fameuse trilogie « bagnoles-foot-charme ». Le bleu nous semble bien faire l'affaire. La maquette est très visuelle, comportant de nombreuses photos. Reste le problème du contenu : comment nourrir en un mois un site, dont la profondeur de contenu doit être d'environ 500 pages lors du lancement ? L'équipe éditoriale n'étant pleinement opérationnelle que début septembre, nous faisons appel à des professionnels du contenu, qui nous vendent des articles conçus sur mesure, et activons tout notre réseau de pigistes. C'est un peu du bricolage, car nous n'aurons pas une ligne éditoriale bien arrêtée au lancement, mais, dans ces délais, il faudra s'en contenter pour démarrer.

Malheureusement, comme toutes les *web agencies*, Business Lab est débordée. Les effets de la crise ne se font pas encore sentir chez les agences interactives, qui ont grandi trop vite et multiplient les projets, sans pour autant avoir eu le temps d'intégrer des structures à la hauteur. Il est urgent d'avancer, tout retard risque de nous mettre dans une situation difficile par rapport à la seconde levée de fonds. Quand d'autres passent leur mois d'août à la plage, nous multiplions les réunions, dans une ambiance parfois tendue. Notre inexpérience technique nous coûte parfois cher. Nombre d'agences interactives recommandent l'usage de logiciels très récents et hypersophistiqués, afin de former leurs équipes à l'utilisation de ces outils. Nous commençons ainsi à développer le site en Spectra, avant de prendre conscience du manque de flexibilité de cette solution technique dans l'intégration quotidienne des articles. Marche arrière toute, nous revenons à une solution qui a fait ses preuves en choisissant un logiciel plus rôdé, Coldfusion, utilisé sur nombre de sites performants. De toute façon, nous développerons une version 2 dès que la seconde levée de fonds sera faite. En évoluant vers un logiciel plus sophistiqué, comme Vignette ou Broadvision, elle nous permettra de « pousser » une information personnalisée aux internautes. Privilégiant l'éditorial, nous avons sous-estimé la dimension technique inhérente à tout projet internet. Il ne suffit pas d'avoir de bonnes idées. Nous apprenons dans la douleur, qu'on ne peut pas faire ce qu'on veut si la technique ne suit pas. Il faudra désormais apprendre à vivre avec cette contrainte.

* * *

Le grand jour est arrivé. Champagne pour tout le monde. Le 31 août 2000, Unhomme.com est en ligne. Comme 90 % des projets internet, la mise en ligne a pris du retard. Mais nous sommes parvenus à être en ligne avant septembre. Le mois d'août était initialement prévu comme un filet de sécurité, visant à vérifier le bon fonctionnement du site. Soit, nous travaillerons sans filet ! Le risque étant qu'un investisseur se balade sur le site alors qu'il n'est pas encore optimal…

Unhomme.com traite toutes les dimensions du masculin. Nous étions partis sur un concept plus novateur, ciblant prioritairement le « nouvel homme ». L'expérience d'Emmanuel sur cette cible nous incite à ne pas faire l'impasse sur les sujets qui ont fait leurs preuves : nous rebaptisons notre rubrique charme, initialement appelée « Elles » en « Sexe ». Après tout, il faut appeler un chat un chat ! La difficulté sera de trouver un ton, une façon de traiter ce sujet, qui soit attractive, tout en restant « politiquement correct ». Notre première source de revenus est la publicité, il ne faut pas effrayer les annonceurs. Nous n'oublions pas pour autant les dimensions plus émergentes du masculin, qui sont nombreuses. Nous traitons ainsi le rapport au corps, abordant des thèmes comme la nutrition ou le bien-être. Une rubrique est consacrée à la mode. Une autre à la réflexion sur soi et au rapport avec les autres. D'autres encore traitent la consommation, les voyages… Et puis il y a la « killer application », LE terme à la mode. Tout site qui se respecte se doit d'avoir une « killer ap », soit un atout qui lui est spécifique. Une offre qui oblige quasiment l'internaute à revenir régulièrement et le fidélise, un mot que les hommes de marketing adorent. L'internaute est volage par essence, il reste quelques minutes sur un site et son comportement est souvent imprévisible. La « killer ap » fait la différence et génère la préférence. Chez nous, elle a un nom : elle s'appelle « l'e-babe ». Poses suggestives, peaux dénudées, positions évocatrices, elle figure en bonne position sur la page d'accueil du site. Reste à convaincre un photographe à la hauteur, de nous donner une série de trente e-babes, simplement en échange de la visibilité que nous lui offrons. Nous contactons rapidement Hervé Lewis, l'homme qui a « shooté » la campagne de publicité Aubade. Celui qui a mis en scène les fameuses « leçons de séduction » que chacun rêve de télécharger en fond d'écran. Surprise : il accepte et nous laisse utiliser 30 de ses plus beaux clichés. Nous nous ferons désormais un point d'honneur à avoir chaque mois un photographe de renommée internationale, garant d'un traité évocateur sans tomber dans le vulgaire. On ne triche pas avec l'e-babe !

Mais celle-ci ne doit pas dissimuler les efforts de l'équipe éditoriale. Il ne s'agit pas de reproduire le contenu d'un magazine papier, mais plutôt d'inventer une nouvelle écriture, adaptée aux spécificités du média internet. Nous baptisons notre style éditorial du nom, un peu barbare, mais néanmoins explicite, de ludico-pratique. Peu de texte, beaucoup d'interactivité : des jeux, des quizz, des tests, des vidéos. Bref on doit cliquer en s'amusant. Le côté pratique, c'est des bons plans, des adresses, des idées de voyages, de sorties en tête à tête ou entre copains… autant d'infos correspondant aux attentes des internautes, qui privilégient le pratique sur le conceptuel…

Ce subtil cocktail éditorial devrait nous permettre de générer un trafic important sur le site en peu de temps, et de s'imposer rapidement comme un média « incontournable » pour les annonceurs publicitaires intéressés par la cible masculine. Mode, cosmétique, minceur, et même entretien ménager... les marques redécouvrent les hommes. Tous les grands magasins ont relancé leur espace masculin, le Printemps de l'Homme allant jusqu'à prétendre « légaliser » le shopping masculin. Des marques comme Mr Propre ou Skip commencent à cibler les hommes. Sveltesse (mais oui, Richard Berry !), Silhouette, Canderel, s'y sont mis à l'unisson. Le marché des parfums multiplie les lancements... Un véritable engouement que nous comptons bien exploiter ! Par les publicités en ligne traditionnelles, mais aussi par des opérations spéciales conjuguant éditorial, jeux en ligne et liens vers les sites des annonceurs, cette manne nous permettra d'atteindre l'équilibre dès fin 2002. Les premiers signes sont encourageants. Nous développons une première opération avec un site de vente en ligne de voitures, à l'occasion du Mondial de l'Automobile.

À la fin septembre, nous pouvons dresser un bilan très positif de notre premier mois d'existence. Les retombées presse ont été nombreuses et favorables : le sacrosaint *Journal du Net* nous a même consacré une pleine page. On parle de nous dans le milieu du net. Et plutôt en bien, saluant après la déferlante des sites féminins, l'arrivée du premier site qui s'intéresse aux hommes en tant que communauté, et non par le biais de thématiques masculines comme le sport ou les voitures.

Le trafic est très encourageant. 627 000 pages vues le premier mois, c'est mieux qu'Aufeminin.com à durée de vie équivalente. Le concept d'un magazine pour homme sur internet est validé par les internautes. À nous maintenant de faire la différence en passant à la vitesse supérieure. Une seule petite surprise, à la découverte des statistiques de fréquentation du site : 80 % du trafic est réalisé par la rubrique Sexe ! Nous devons admettre que notre stratégie, fondée sur le fameux « nouvel homme », féminisé, redécouvrant ses émotions et sa sensibilité, est un peu compromise. Notre internaute type est jeune, sur-consommateur de jeux en ligne, de téléchargement de MP3... et se délecte de nos tests « Êtes-vous un bon coup ? », ou « Quelle bête de sexe êtes-vous ? », où il peut apprendre qu'il appartient à la catégorie des « Gâchettes sensibles » (réactif, tonique, direct) ou au contraire des « Goldfinger » (pondéré, passif, stratégique). Le Kama Sutra et les mini strip-teases, qui permettent de déshabiller une e-babe en quatre clics font des ravages. Même notre Club, qui ne propose pas encore d'autres avantages que les strip-teases vidéo, est pris d'assaut : en quelques mois, nous aurons plus de 20 000 inscrits... Le « Nouvel Homme » semble assez clair sur ses priorités...

Mauvaises nouvelles du marché

Automne 2000

Il faut embrayer très vite, le marché n'est pas précisément au beau fixe. L'espoir d'une reprise boursière après l'été s'amenuise au fur et à mesure que les semaines passent. Nous devons mener de front le développement du site et la prospection d'annonceurs publicitaires, avec le nerf de la guerre, la seconde levée de fonds, condition sine qua non de notre pérennité.

Sans perdre de temps, nous concluons notre premier partenariat avec Bebloom.com, un site de vente de fleurs en ligne. La réunion a duré une demi-heure, le partenariat est conclu. Les dirigeants de Bebloom semblent enthousiasmés par notre concept. Et puis chacun sait que, si les femmes consomment les fleurs, ce sont les hommes qui les achètent.

La nouvelle économie a ceci de séduisant que tout y va très vite. Habitués aux règles de l'économie tradition-nelle, nous décrochons timidement notre téléphone pour solliciter un rendez-vous, qui pourrait aboutir à un partenariat... En deux temps trois mouvements, tout est réglé : les offres de partenariats s'accumulent sur notre bureau. Partenariats de services, visant à offrir aux internautes les informations pratiques que tout bon portail qui se respecte se doit de proposer. Partenariats commerciaux avec des sites de vente en ligne. Partena-riats ponctuels, dans le cadre d'opérations spéciales, comme Halloween, ou plus tard, la Saint-Valentin. Nous découvrons avec surprise qu' internet est un tout petit monde. Nous identifions rapidement les interlo-cuteurs-clés de chacun des grands sites avec lesquels nous pouvons développer un partenariat. Rapidement, des alliances sont nouées : FNAC.com, Yzea.com pour la lingerie féminine, Rouge et Blanc.fr, pour le vin... on se bouscule pour avoir son « corner » dans notre boutique. Nos articles sont appréciés par le marché. Très vite, nous fournissons le contenu des chaînes masculines de sites dix fois plus importants que nous en trafic : le site de communautés Respublica, World Online, ou Spray, qui pour sa chaîne Spraylove (devenue Lycoslove, par la force des choses) souhaite proposer à ses internautes le fameux test « Êtes-vous un bon coup ? ». En échange de ce contenu, un lien cliquable renvoie les internautes vers notre site. Les réunions s'enchaînent. Les plus pittoresques sont celles que nous appelons entre nous les réunions « baby-sitting », celles où nous sommes confrontés à un adolescent boutonneux qui, venant de lever une fortune, nous donne des leçons sur son modèle économique…

* * *

Sur internet, la logique est celle de l'indépendance dans l'interdépendance, d'où peut-être, l'origine de la notion de toile. Les sites nouent des alliances, dans l'objectif de faire voyager l'internaute à l'intérieur d'une galaxie de sites amis, et de générer ainsi des pages vues ou du chiffre d'affaires. Je t'envoie mes internautes, mais n'oublie pas de m'envoyer les tiens en échange ! Les opérations marketing sont faciles et rapides à mettre en œuvre. Un vrai bonheur pour qui vient des grands groupes, où les projets sont nettement plus lourds. Dans la net-économie, les rendez-vous, les déjeuners, les réunions, se multiplient, les partenariats aussi. Ces échanges fonctionnent très bien, le seul problème est qu'ils ne génèrent pas de business. Je m'apercevrai rapidement, et avec horreur, que j'ai beau avoir tous les partenaires de services et de e-commerce du monde, si les internautes n'achètent rien, tout cela reste un coup d'épée dans l'eau. Les « deals » les plus efficaces restent les échanges de bannières publicitaires, très courus sur le net, car rapides et faciles à mettre en œuvre. Mais, s'ils génèrent du trafic, ils restent neutres au niveau du compte d'exploitation.

L'appellation de « nouvelle économie » ne semble pas usurpée. Nous découvrons la vitalité et la créativité de cet univers qui se superpose à l'économie traditionnelle. Des centaines de sites, des milliers de salariés et d'entrepreneurs venus des entreprises les plus prestigieuses ont tenté l'aventure. Tout ceci est bien réel. Et pour réussir sa conquête du net, chacun doit adopter une nouvelle façon d'être : la start-up attitude. Le difficile avec la start-up attitude c'est qu'elle est issue du mélange mal digéré de codes et de rites de plusieurs milieux. Au delà d'une plate-forme commune faite de décontraction, d'un faible sens de la hiérarchie et du tutoiement obligatoire, les codes vestimentaires et le jargon différent et s'entrecroisent. On identifie facilement la tribu technique : mal rasé, mal réveillé, grosses lunettes sur teint blafard, haut de survêtement élimé, pantalon de treillis et vieilles baskets (toujours les mêmes). Ce sont les « nerds », les purs d'internet, capables de passer une nuit entière sur leur PC pour résoudre un problème... ou hacker[8] un site. D'où leur look le lendemain matin au bureau (où ils arrivent rarement avant 10H30 de toute façon). Leurs expressions favorites : html, système d'exploitation, plate-forme d'hébergement, javascript, coldfusion, xml, dreamweaver...[9] un vrai bonheur pour le néophyte.

La tribu marketing se repère aussi aisément : costume Paul Smith, chemise ample portée sans cravate, lunettes un peu décalées ou de couleur flashy. Il s'agit d'affirmer sa différence, sa créativité et surtout, sa compétence. Marketplace, confcall, pop up, bandeau, desktop, PDA, fyi, cookifier, asap, sont ses expressions favorites.

Et puis, il y a la tribu financière, l'aristocratie des start-ups, issue des banques et des cabinets de consultants. Elle revendique sa supériorité en ne déviant pas d'un iota du look banquier : costume sombre, cravate

---

8. *Hacker* : le hacker cherche à pénétrer dans un système d'informations afin de découvrir le mode de fonctionnement et de déceler d'éventuelles failles de sécurité dans le système de protection. Il ne profite pas des failles pour s'attaquer au site.
   À ne pas confondre avec *Cracker*. Le cracker pénètre dans un site étranger ou un logiciel, de façon illégale, afin de récupérer des informations confidentielles (type fiches de paye) ou avec l'intention d'effectuer des modifications ou destructions de données.
9. N'étant pas titulaire d'un DESS en informatique, je renonce à vous les décrire.

Hermès, Richelieu de chez Church… Là où les choses se corsent, c'est au niveau du jargon. Si vous n'avez pas fait de MBA, passez directement au chapitre suivant : Burn Rate, IPO, business angel, First Mover Advantage, VC, valo, post-money, spin off… font place, avec le retournement du marché aux désormais incontournables break-even et profit warning.

Soyons clair : il faut toujours avoir un jargon d'avance, et, pour un manager, paraître à l'aise avec chacune des web-tribus, sans sombrer dans le ridicule. Les termes apparaissent aussi vite qu'ils se démodent, et du cyberbranché au cyberbeauf, il n'y a qu'un pas. Fort heureusement, des sites parodiques (Kasskooye.com, Zipiz.com, Vakooler.com, Antisinistrose.com…) aident à se maintenir à niveau, sur le mode « Toi aussi apprends à parler le webjargon ». Connus des seuls initiés, ils permettent d'éviter les erreurs graves, celles qui tuent vraiment, capables de vous mettre au ban d'un First Tuesday ou d'un cocktail de *networking*.

Dans ce contexte, la réunion la plus anodine, qui, pour que le projet avance, doit réunir au moins deux des espèces susmentionnées, peut s'apparenter à un choc des cultures. Pour moi qui suis issu d'une culture publicitaire et marketing, la bête noire, c'est les réunions techniques. Discussion des différentes plate-formes de développement, du choix de la solution logicielle la plus adaptée à nos besoins... Le pire est lorsqu'il y a deux personnes techniquement compétentes qui commencent à enchaîner sur les mérites comparés d'une solution technologique. Ça peut facile durer une demi-heure... avec des perles du style « Pour implémenter ces nouvelles fonctionnalités, il va falloir écrire des « batches » afin d'effectuer la synchronisation de la base de production sur la base d'intégration ». C'est dans ces moments-là que je commence à fixer le plafond, que les regards, hébétés, se croisent avec les autres membres de l'équipe marketing. Peut-être aurions-nous dû prendre le temps de s'offrir une formation !

* * *

Le 4 octobre, à peine un mois après notre mise en ligne, nous démarrons la seconde levée de fonds. Nous sommes l'une des quinze start-ups sélectionnées par le sénateur de l'Eure pour présenter son *business plan* devant une centaine d'investisseurs, dans une des salles les plus prestigieuses du Sénat. Le résultat n'est pas concluant, nous ne sommes pas recontactés par les investisseurs. Nous apprendrons que 6 mois plus tard, 12 des 15 start-ups sélectionnées au Sénat ont cessé leur activité.

Les rendez-vous se succèdent. La seconde levée de fonds se fait attendre. Le modèle BtoC a perdu tout son crédit. Les premières faillites ou cessations d'activité sont annoncées. Le dépôt de bilan du site de vente de vêtements branchés Boo.com, au printemps, avait créé un véritable choc psychologique, mais pouvait être imputé à une gestion désastreuse (120 M$ dépensés en quelques mois). Là, il ne s'agit plus d'un cas isolé. Vitago.fr, Vivrefemme.com, Redgift.com, Clust, Koobuycity… s'arrêtent ou déposent leur bilan faute d'avoir trouvé des fonds. Nous écumons les First Tuesday, ces fameux premiers mardis du mois où, dans le cadre d'une soirée informelle, investisseurs et apporteurs de projet se réunissent. Dans le monde du net, chacun se dit qu'il faut absolument y aller : on ne peut laisser passer la chance de faire une rencontre décisive. Une fois dans la place, c'est la cohue, impossible d'échanger plus de quelques phrases cohérentes dans le vacarme assourdissant des conversations. Dans cette atmosphère de kermesse où la couleur du badge, vert ou rouge, constitue le signe de reconnaissance des investisseurs ou des entrepreneurs, chacun cherche à prouver qu'il est né pour faire de l'internet, en évitant absolument que l'investisseur se rende compte qu'il s'y connaît encore moins que lui. Après quelques phrases d'introduction, on en arrive à des considérations nettement plus stratégiques, du type « Quelle est la valorisation de votre start-up ? », ou « Combien faut-il investir pour prendre 10 % du capital ? ».

Néanmoins, les échanges se durcissent, l'ambiance est moins frénétique qu'il y a quelques mois. Les capitaux risqueurs sont plus exigeants. Même le web-jargon, qui épouse les vicissitudes du marché, a évolué : on ne parle plus de stock-options mais de réduction des salaires. « Funky Business », longtemps synonyme de facilité et décontraction, est devenu tabou. À la facilité, on préfère désormais mettre en avant l'acharnement au travail des fondateurs.

* * *

Pourtant, il faut aller vite, se faire connaître des internautes, et devenir un des sites référents du marché de l'internet. Ce n'est qu'à ce prix que nous intéresserons les investisseurs et les industriels dans le cadre d'une future revente. Nous choisissons donc une agence de relations publiques très introduite auprès des leaders d'opinion parisiens, passage obligé pour créer le « buzz », la rumeur favorable qui ne cesse de s'étendre. Elle est catégorique : il faut organiser une grande soirée de lancement où le tout Paris se bousculera. Un « must » pour tout site qui se respecte. Absolument obligatoire. Après le travail, il y a le *networking* festif, dont le milieu du net est très friand. Comprenons-nous bien : il ne s'agit pas de boire un verre en faisant quelques tours de piste. Il s'agit de nouer des contacts dans une ambiance décontractée. Contacts qui pourront devenir des partenaires, des annonceurs, des porte-paroles… Il s'agit aussi d'afficher l'ambition d'un site leader. Nous choisissons les Bains Douches, vieux temple de la nuit parisienne, l'endroit idéal pour voir et être vu, d'autant plus que les Bains célèbrent la même semaine leur vingtième anniversaire. Sur le net, tout se négocie, tout s'échange. Nous troquons donc 500 bouteilles de champagne avec le site Château-Champagne.fr, contre de l'espace publicitaire sur notre site. De quoi ouvrir une bouteille toutes les trente secondes pendant trois heures, entre 21 heures et minuit ! Elle est pas belle la vie ? Le 24 octobre, c'est la fête ! La soirée bat des records d'affluence, les Bains sont pleins à craquer. À ma grande surprise, je ne connais pas un visage sur 10 ! Notre agence de R.P. a bien travaillé : on croise des profils très hétéroclites, allant du designer au mannequin, en passant par le « nerd » ou le capital risqueur qui s'est égaré là. Peut-être un simple reflet de la diversité du milieu… Le baptême du feu a été passé avec succès : nous gagnons en notoriété et en envergure. Il n'en fallait pas plus pour que nous soyons introduits dans le club très fermé des start-ups qui comptent.

Nous pouvons maintenant nous consacrer à une des facettes centrales de l'activité du net-entrepreneur, la course aux capitaux. Nous n'avons pas réussi à convaincre de leveur de fonds de s'intéresser à notre dossier. Ceux-ci fuient dès qu'on prononce le mot BtoC. Ils préfèrent consacrer leur énergie à des dossiers plus faciles à placer auprès des investisseurs, qui ne jurent désormais plus que par la télévision interactive. Nous allons devoir nous débrouiller seuls, mais sommes néanmoins confiants. De gros investisseurs rencontrés lors du premier tour se sont déclarés inté-ressés. Le marathon peut commencer (il y a quelques mois, on parlait plutôt de sprint).

Rapidement, notre stratégie est gravée dans le marbre. Nous révisons notre *business plan* pour prendre en compte les évolutions du marché et les enseignements tirés du lancement du site. Les savantes modifications aboutissent au recentrage sur trois « facteurs-clés de succès », ces fameux points qui ne laissent aucune chance à nos concurrents. Il y a l'avantage du premier entrant sur un marché en plein développement. Étant les premiers arrivés nous avons pu nous construire un vrai positionnement de leader. Il y a aussi l'équipe diri-geante, composée de trois experts de l'univers masculin. Et enfin, des points de compétitivité différenciants comme le Salon unhomme.com. Par ailleurs, nous

rassurons les investisseurs en expliquant qu'il s'agit d'un
« business model de deuxième génération », laissant
entendre que nous avons tiré les enseignements des
erreurs de gestion de la première génération de start-
ups. Nous allons donc « réduire le coût d'acquisition de
l'internaute » une expression très à la mode en cet
automne 2000 où tout le marché ne pense que réduction des coûts. Tout ceci aboutit à « un chemin balisé
vers la rentabilité » qui devrait nous conduire à l'équilibre à la fin 2002.

* * *

Tout au long de l'automne nous assistons, impuissants,
à la descente aux enfers de l'indice boursier américain.
La bulle internet a fini par éclater ! Le NASDAQ n'en
finit plus de nous faire des misères.
Entre mars 2000 et mars 2001, il chute de 62 %.
3 500 milliards de dollars[10] partis en fumée. Ce ne sont
plus seulement les dotcoms qui sont touchées, mais
aussi les valeurs phares des nouvelles technologies
comme CISCO ou Intel. Paradoxe : alors qu'on passe le
cap des 8 millions d'internautes en France, plus un
projet internet ne trouve de financement. La confiance
des investisseurs s'est évaporée, notamment vis-à-vis du

---

10. Soit environ trois fois plus que le P.I.B. français de 8 800 mil-
    liards de francs.

BtoC, dont le *business model* semble structurellement déficitaire. La chute est violente. L'action Yahoo, symbole du BtoC, valait 240 $ en décembre 99. 150 $ en juin 2000 et... 10 $ fin mars 2001.

Que se passe-t-il sur le marché de l'internet pour provoquer un pareil tremblement de terre ? Au cœur de la machine à financer, il y avait un écueil. En 1998, Hotmail s'est vendu à Microsoft, pour la modique somme de 400 M$, alors que le chiffre d'affaires était seulement de 4 M$. En revanche, le site comptait 10 millions d'abonnés. La transaction s'est donc faite à partir du nombre d'abonnés. La valorisation de Hotmail s'est calculée sur la base de 40 $ l'abonné. À la suite de cette transaction, les valorisations astronomiques des start-ups se sont construites sur le nombre de membres qu'elles possédaient, et non sur le chiffre d'affaires. En pleine euphorie un courtier en ligne pouvait être valorisé plus de 100 000 F par utilisateur. Le 10 mars 2000, quand Multimania s'introduit en bourse, sa valorisation est basée sur le nombre de membres. Selon ce principe, des sociétés qui ne génèrent pas de chiffre d'affaires peuvent valoir une fortune, les marchés étant convaincus qu'un grand nombre de membres engendrera dans le futur de très fortes rentrées d'argent. Principe qui justifie toutes les spéculations, les revenus futurs n'étant pas connus. Dès leur introduction en bourse, les cours sont couramment multipliés par deux ou trois. C'est ainsi que, face à une demande pléthorique, Multimania doit émettre 78 000 actions supplémentaires à destination du grand public. Le prix de l'action fixé au départ à 36 euros, se négocie autour de 125 euros dès le début de la cotation. Le surnom « d'économie casino » a longtemps été mérité par le net !

La prise de conscience par le marché que les revenus ne suivront pas et qu'un grand nombre de membres ne sert à rien, s'il ne crée pas de chiffre d'affaires, a été brutale. En quelques mois, nous sommes passés d'une économie spéculative au retour aux principes de base prenant plus fortement en considération le chiffre d'affaires dans la valorisation de l'entreprise. Dans la mesure où pour toutes les start-ups BtoC ceux-ci étaient encore extrêmement faibles, le marché s'est brutalement retourné. Les valorisations se sont effondrées, réduisant nombre de fortunes virtuelles à un simple écran de fumée. Les désillusions des entrepreneurs sont à la hauteur des anciens espoirs. Ils avaient touché du doigt la fortune, et les voilà au chômage, forcés de se reconvertir. Comme ce patron, ancien fondateur de la filiale France d'un grand site de vente aux enchères, maintenant en poste dans un grand groupe, qui nous avouera qu'il avait déjà annoncé à ses parents sa future vie de rentier. Le nombre de stock-options qui lui avait été attribué lui permettait en effet d'envisager la vie du bon côté. Sauf qu'après être montées à 70 $, lesdites actions se sont effondrées à moins d'un dollar l'unité. Résultat : reconversion accélérée et renoncement forcé aux stocks qui, de toute façon, ne valaient plus rien. Et puis, la chute du NASDAQ a aussi des effets indirects sur les start-ups. Comme sur THTTV, un projet de webTV spécialisée dans la thématique des nouvelles technologies. Après une levée de plusieurs millions de francs, l'équipe décide de faire gagner de l'argent à la société sur le NASDAQ, en utilisant pour cela les fonds fraîchement levés. Scénario classique : après des premières déconvenues, le budget total est rejoué dans l'espoir de compenser les pertes. Jusqu'à ce qu'il soit perdu ou presque et que la société soit contrainte au dépôt de bilan. En cette année particulière, internet c'est aussi un réservoir d'anecdotes formidables. De quoi animer plusieurs générations de soirées au coin du feu ! Remarquez, n'allons pas trop vite, cela n'arrive pas qu'aux jeunes start-ups dirigées par une équipe de 25 ans de moyenne d'âge. C'est aussi arrivé à la Barings…

Dans le jargon du net, qui évolue aussi vite que le marché, BtoC « business to consumer » signifie désormais « back to consulting ». Le BtoB lui-même, le « business to business » longtemps plébiscité, est désormais parodié en « back to banking ». Nous appartenons à la catégorie des 3C (contenu, communautés, commerce), la plus sinistrée aux yeux des investisseurs. Comme le précise un de mes anciens étudiants d'HEC, âgé de 25 ans, qui a créé une start-up de loterie en ligne (les sites de loterie sont un des rares secteurs en lesquels les investisseurs ont encore confiance) « nous, on vient de lever 25 MF, mais pour pas mal d'autres start-ups, l'hiver sera froid ! ».

✳✳✳

Les rendez-vous s'enchaînent. Pour nombre d'investisseurs le refus est clair et net : le BtoC n'est plus une option. D'autres sont hésitants car ils ont un coup de cœur pour le projet. Et nos résultats les encouragent. Après les premières réunions de présentation générale, nous entrons dans les considérations chiffrées sur nos perspectives de revenus. Nous réaménageons alors notre *business plan* pour s'adapter à leurs exigences : certains souhaitent nous voir stopper les perspectives de développement européen, trop coûteuses. D'autres nous voir réduire encore les investissements marketing. Les semaines passent, les espoirs naissent de notre côté. Jusqu'au refus final. Le moral s'en ressent. Aux phases d'optimisme, où nous avons l'impression d'arriver au bout du tunnel, succèdent les phases d'abattement. Nous tirons les enseignements des rencontres et, comme nombre d'autres start-ups, réaménageons notre *business plan*, pour coller aux nouvelles exigences des capitaux risqueurs. Après avoir été conçus sur une vision du marché à trois ans, nos chiffres sont corrigés tous les quinze jours pour convaincre les financiers. Notre emploi du temps devient de plus en plus encombré par la recherche de financements, qui représente désormais la quasi-totalité de notre activité, au détriment de l'avancement du site. La recherche d'argent devient un but en soi.

Comme souvent, quand on monte trop haut, trop vite, le retour de balancier est violent. Nous découvrons que les investisseurs sont souvent « plantés » sur certains sites financés à la va-vite, lors de l'euphorie du marché. Ils sont contraints de réinjecter des capitaux, faute de voir leur mise du premier tour partir en fumée. Dans ce contexte, comment justifier auprès de leur comité de direction une décision de nouveau financement dans un secteur passé de mode ? Dans ce parcours du combattant, nous n'arrivons même pas au stade de la négociation concernant la valorisation du site, et la dilution que pourrait engendrer une éventuelle prise de participation. Si hier, la vague d'enthousiasme n'engendrait aucun discernement entre les bons et les mauvais projets, aujourd'hui, la sinistrose produit l'effet contraire : rejet en bloc.

Une mauvaise nouvelle n'arrive jamais seule. La frilosité des investisseurs s'accompagne d'un effondrement de la publicité en ligne. On murmure même qu'aux États-Unis, le prix des bannières est tombé très bas, que certains grands sites comme Yahoo sont contraints de brader leur espace publicitaire. Pourtant, la pub est la clef de voûte de notre *business model*. D'un côté, les start-ups à bout de souffle n'investissent plus. De l'autre, les grands annonceurs sont encore frileux, et retardent leur entrée sur internet. La presse, très dubitative à l'égard des bannières a semé le doute dans leur esprit. À quoi bon investir pour des taux de clics de seulement 0,5 % ? Mieux vaut se concentrer sur les bonnes vieilles affiches et spots TV qui ont fait leurs preuves, et venir sur le net quand le marché sera plus mature, n'est-ce pas ?

Les rentrées escomptées dans notre *business plan* ne se font pas. Nos revenus en sont fortement affectés, et ne parviennent pas à décoller. Notre régie est impuissante face à un marché déprimé. C'est le trou d'air.

Le manque d'argent commence à se faire sentir : avant la fin décembre nos ressources seront épuisées. Nos investisseurs du premier tour nous mettent la pression : « votre priorité est de générer des revenus ». Nous décidons d'accélérer et de lancer notre boutique avant Noël. On y trouve tout ce dont Homme peut rêver :

CD, DVD, BD, vin, cadeaux pour les petites amies, produits high-tech… La pub ne marche pas ? Nous avons plus d'une corde à notre arc : le e-commerce va nous permettre de tenir nos objectifs. Nous nous rassurons en nous disant qu'il y a 200 000 acheteurs recensés sur internet. 1 % de part de marché représente 2 000 clients. Avec un panier moyen de 300 F cela représente un chiffre d'affaires de 600 000 F. Début janvier, nous n'en croyons pas nos yeux : 0 ventes réalisées. 0 franc de chiffre d'affaires !

Le mois de janvier marque une amélioration : on fait deux ventes, soit 300 Fde CA et 30 F de revenus. Consternation sur la péniche ! Nous avions initialement prévu un revenu de 3 MF sur 2001, et nous ne sommes pas loin d'être dans la situation de ces start-ups où « 80 % des profits proviennent de la machine à café », comme le fait remarquer avec ironie le site parodique Zipiz.com.

Tout au long du printemps, nous vivrons au rythme de la pression des revenus. Le e-commerce n'a pas décollé en décembre. Il y a encore trop peu de courageux se lançant dans l'achat en ligne. Les clients éventuels sont échaudés : chacun a un voisin, un ami qui n'a pas été livré dans les temps, ou de façon incomplète. D'autant plus qu'au même moment, la presse se fait l'écho des problèmes de sécurité des moyens de paiement en ligne. Dans ces conditions, acheter en ligne devient un véritable acte de foi en l'internet.

De notre côté nous constatons qu'être commerçant, c'est un métier. On ne peut se contenter de présenter une offre passive, il faut des promotions, des offres spéciales, un fort soutien éditorial de l'offre commerciale…

Après d'âpres négociations, les investisseurs du premier tour nous maintiennent sous perfusion en rajoutant 1 MF, de quoi tenir jusqu'à début avril, avec un programme d'économies drastiques à la clé. Un procédé classique dans les start-ups, en cet hiver de tous les dangers. Les négociations se durcissent, les investisseurs exigent une réduction significative de mon salaire : divisé par deux en janvier et février, réduit au SMIC en mars. C'est ça ou rien. Donc ce sera ça.

Nous avons juste le temps de trouver une solution qui leur évitera de perdre leur mise du premier tour. Les capitaux risqueurs ne veulent pas de nous ? Nous nous tournerons donc vers les industriels. Non plus dans une logique de développement de la start-up, mais dans une logique de revente pure et simple. La nouvelle obsession devient : « comment se débarrasser du bébé, pour éviter de déposer le bilan ».

Une péniche en hiver

Hiver 2000 / 2001

Pendant ce temps, nous découvrons les joies du plein hiver sur notre péniche. Surprenant pour une start-up, mais l'EDF n'est pas parvenue jusqu'à notre péniche, pourtant située sur l'Ile de Puteaux, à quelques encablures de La Défense. Nous n'avons pas l'électricité ! Nous fonctionnons au groupe électrogène jusqu'au mois de janvier, avant que la fée Électricité nous apporte enfin ses bienfaits. Hormis deux ou trois dérapages, où tous nos ordinateurs sautent en plein travail faute d'essence dans les groupes, nous sommes très disciplinés pour gérer les approvisionnements en carburant. Et puis, on fait d'une pierre deux coups : nous profitons du passage à la station service pour récupérer les bonbonnes de gaz nécessaires à notre chauffage. Faute de seconde levée de fonds, nous avons dû mettre de côté les perspectives de déménagement dans le « Silicon Sentier ». Alors on s'organise... Cela change du confort des grandes entreprises. Après tout c'est aussi ce qu'on cherchait en abandonnant le confort douillet de nos bureaux : le frisson de l'aventure... Mais il faut reconnaître que le matin, on prie pour ne pas arriver en premier : en plein hiver, il faut une bonne heure avant que les locaux ne se réchauffent et qu'on puisse enlever manteau, écharpe et bonnet. Ça fait toujours très pro, de bon matin, quand quelqu'un vient taper à la porte pour une réunion...

Et puis ça crée des liens de partager ce type d'inconforts : un sentiment d'appartenance, un esprit de groupe, un sens de la communauté, tirant parfois vers le côté boy-scout. Chacun a ses tâches : évacuation des poubelles, approvisionnement en gaz pour le chauffage, entretien des groupes électrogènes... Dans ce type de contexte, on comprend que le sens de la hiérarchie dans les start-ups ne soit pas tout à fait identique à celui que l'on peut observer dans les grands groupes. Ceux-ci, souvent avides de séminaires de motivation, nous envieraient certainement ce type d'épreuves. Peut-être pourrons-nous nous reconvertir en organisant des stages de survie pour cadres stressés ?

Malgré ces quelques difficultés, le moral ne fléchit pas sur la péniche. Un peu de baume au cœur, nous sommes leaders du segment des sites masculins. Les autres sites (Max-magazine.com, Mecplusultra), disposent de peu de moyens et restent confidentiels. Dans ces conditions, nous trouverons bien une solution financière dans les trois mois qui nous sont alloués. Nous multiplions donc les réunions avec d'autres start-ups afin de monter des partenariats événementiels, comme celui que nous développons avec Femmeonline et Amoureux.com pour la Saint-Valentin : envoyez par e-mail un message d'amour à un/e inconnue.

Fin janvier, c'est le Start-Up Forum. La foire aux start-ups à Monaco. J'ai été invité à cet événement qui permet à plus de 70 start-ups triées sur le volet de rencontrer de nombreux prestataires et de faire du *networking*. Malgré une ambiance décontractée, les débats sont plutôt moroses. Le ton a un peu changé par rapport à l'année d'avant, semble-t-il ! Les quelques investisseurs et industriels présents, pris d'assaut, ne peuvent qu'affirmer leur impuissance. Muni d'un stock de cartes de visites, je les aborde au culot, mais sans résultats probants. On attend toujours la rencontre miracle. Il faut dire que la presse a récemment contribué à la déprime du secteur. Pendant que *Libération* parle de « start-ups en panne de fuel », le journal *Le Monde* titre « L'hécatombe des start-ups d'internet », révélant qu'aux États-Unis, « 210 dotcoms ont fait faillite en 2000, dont plus de la moitié dans les 4 derniers mois de l'année. » et laissant entendre que le carnage va se propager en France durant l'hiver 2001. Ce que la presse appelle, « le phénomène start-down » est maintenant bien sensible en France. Il commence à y avoir du sang sur les murs : au cours du premier trimestre 2001, 28 start-ups ferment leurs portes, et pas des moindres : AB Cool, le site marchand pionnier sur le marché des jouets, dépose le bilan, laissant 22 personnes sur le marché du travail. Le site automobile Carboulevard.com lancé en juin 2000 ferme faute de levée de fonds. Toluna, le site d'avis de consommateurs sur des produits, est en sérieuse difficulté… Aux États-Unis, certains sites référents annoncent leur échec : Disney décide de fermer le portail Go.com (400 personnes), le site marchand de jouets e-toys est en situation de banqueroute (293 personnes).

Face à l'impossibilité de lever des fonds liée à la déprime du marché financier, nous sommes confrontés à la nécessité de se revendre à un industriel (pour positiver, on dit « s'adosser à un industriel », c'est plus joli et moins défaitiste). Mais nos rêves de fortune ont pris un sérieux coup de blues : les valorisations des start-ups qui atteignaient des sommes colossales un an avant, sont couramment divisées par 10.

Toute l'équipe a les yeux rivés sur nos résultats de trafic. Les courbes de fréquentation sont suivies quotidiennement afin de s'assurer que la barre du million de pages vues mensuelles sera bien franchie en fin de mois. Si nous sentons que l'audience patine un peu, nous injectons une dose de publicité en ligne, afin de maintenir le trafic dans des zones présentables aux industriels. Le 8 mars, c'est la divine surprise : les résultats MMXI, très sérieux institut de mesure d'audience, nous créditent de la troisième position sur le segment des sites de communauté d'intérêt, derrière Aufeminin.com et MilleMercis.fr, un site proposant des listes de cadeaux en ligne. Nous avons eu 127 000 visiteurs uniques (soit individus) en février sur le site. Seulement 6 mois après notre création, et quasiment sans investissements publicitaires. Un véritable succès qui valide le concept de site masculin. Sur le même marché, les magazines papier, lancés depuis plusieurs années, avec des budgets marketing de lancement d'environ 10 MF peinent pour annoncer des diffusions de 110 000 exemplaires. Avec des chiffres pareils, l'espoir persiste. Seule ombre au tableau : malgré un trafic en augmentation régulière, nos efforts en vue de trouver une solution financière restent lettre morte. Contrariant paradoxe.

D'autant plus qu'il nous semble que les synergies industrielles sont nombreuses avec Unhomme.com.

Depuis quelques mois les acquisitions vont bon train sur le marché du net. Il faut à tout prix atteindre la taille critique, nécessaire à la survie. Lycos a racheté Spray et Multimania, l'italien Tiscali rachète World On Line et Liberty Surf, PPR vend Magéos à Télécom Italia, Europ@web, la holding de Bernard Arnault, fusionne avec Suez Lyonnaise...

***

Nous pouvons prétendre être rachetés par une chaîne de télévision, dans une logique de convergence entre l'univers télévision et un site web qui la prolongerait. Nous vendons l'idée d'un marché masculin en explosion justifiant la création d'une chaîne thématique. Notre politique éditoriale très orientée sur le haut débit justifie cette approche. Après tout Allociné.fr a bien réussi ce tour de force, ainsi que le site de finance Initié.fr qui a rejoint l'offre de Noos en devenant InitiéTV.

Un grand portail internet (du type Wanadoo ou Lycos), soucieux de se doter d'une chaîne masculine, pourrait aussi s'intéresser à nous. En apportant un contenu très spécifique, Unhomme.com lui permettrait de générer de la « *stickyness* »[11] autre mot très à la mode en ce

---

11. *Stickyness* : de l'anglais « collant ». Qualité d'un site qui retient et fidélise les internautes.

début 2001. Tous les grands portails, où, par définition l'internaute ne fait que passer, restant souvent moins d'une minute, rêvent d'améliorer leur « stickyness » c'est-à-dire de trouver les moyens de retenir l'internaute sur le site par tous les moyens. Un contenu différenciant, des Forums masculins spécifiques, autant de points que l'on ne retrouve pas chez les concurrents et qui devraient permettre de fidéliser un internaute encore très volage.

Un opérateur télécom pourrait avoir intérêt à nous racheter dans l'optique d'anticiper l'arrivée de l'UMTS et de développer des services en ligne sur notre site, susceptibles de se décliner sur les futurs téléphones mobiles. Enfin, un groupe de presse pourrait souhaiter prolonger ses magazines masculins par un site internet. L'espoir est vif de ce côté-là : *Maximal, Entrevue, Playboy, Men's Health* n'ont pas encore de site internet. Ils ne peuvent tout de même pas bouder ce média éternellement !

Après la vague des rencontres avec les investisseurs, le parcours du combattant repart à zéro, cette fois-ci avec les industriels. Nous passons donc l'hiver à contacter ou rencontrer les grands acteurs du marché comme Noos, Canal Plus, TF1, France Télévision, Lagardère Médias, Club Internet, Wanadoo, Tiscali, Liberty Surf, Hachette Filipacchi, Vizzavi, EMAP, Vivendi, 9 Télécom, Lycos... Au fur et à mesure que les rendez-vous s'accumulent, les doutes s'installent. Comme tout entrepreneur du net courant après le financement, je passe de l'espoir à l'abattement, de l'enthousiasme à la déprime, au gré des réunions. Chaque rencontre avec un nouvel industriel, c'est un peu d'espoir, qui persiste jusqu'au coup de téléphone fatal. Assez moyen pour le système nerveux... La charge de travail s'intensifie, avec la nécessité de continuer à faire tourner le site, de développer des partenariats, car, malgré tout, je pense bien finir par trouver une solution.

* * *

Malgré tous nos efforts, les nouvelles sont mauvaises. Nous naviguons dans des vents contraires. Aucun repreneur potentiel n'a manifesté son intérêt. La pression monte, nous n'avons plus qu'un mois d'espérance de vie. Les voies du succès semblent bien impénétrables. Alors ? Le président de notre conseil de surveillance ne voit plus qu'une solution : organiser un appel d'offres restreint. Contacter les 5 candidats au rachat les plus intéressés, leur laisser 15 jours, et laisser partir le site au plus offrant. Nous espérons que la perspective de voir le site filer aux mains d'un concurrent va susciter les convoitises. D'autant plus que le prix ne dépassera probablement pas 3 ou 4 MF, soit moins que les sommes injectées par les investisseurs. Et puis, comme dans toutes les transactions du moment, il n'y aura pas de sortie de cash. Nous sommes prêts à accepter un règlement par simple échange d'actions.

Coup de théâtre : la nouvelle stratégie semble réussir. L'espoir renaît. Nombre de repreneurs se manifestent. Le groupe Playboy/Newlook tient la corde. Chacun sait qu'un des domaines qui fonctionnent le mieux sur internet est celui du sexe. Le modèle économique des sites pornos est un des rares à avoir fait ses preuves sur internet, un des seuls où l'internaute accepte de payer. L'accès aux fichiers ne peut se faire qu'après avoir réglé un abonnement par carte bleue ou par prélèvement sur facture téléphonique. Les sites X gagnent de l'argent, mais ont du mal à générer du trafic. Unhomme.com c'est un trafic important, mais une faible génération de revenus. Notre site pourrait être un excellent alibi pour orienter les internautes masculins vers des services payants. Le Groupe Playboy/Newlook songe sérieusement à nous racheter et à lancer conjointement une galaxie de sites X. Les internautes d'Unhomme.com seraient incités par tous les moyens à fréquenter des sites beaucoup plus explicites. « Nous sommes tous des pornocrates, vous ne souhaitez pas devenir pornocrates vous aussi ? » nous lance-t-on, mi-ironique, mi-provocateur, au cours d'une réunion. Belle perspective de carrière. C'est ma mère qui va être contente !

Mais les négociations n'aboutissent pas. Nous sommes dans la situation de tant d'autres sites, qui ont cru jusqu'au bout à la perspective d'une reprise ou d'un financement, avant que les repreneurs, échaudés par les mauvaises nouvelles du marché, ne changent de position. Au même moment, le 9 avril, Nouvo.com la webTV qui avait généré tant d'espoirs, cesse d'émettre, un mois après sa déclaration de cessation de paiement.

Contre toute attente, nos investisseurs, à l'affût de la moindre solution qui pourrait nous tirer d'affaire, sont convaincus par la démonstration de Playboy/Newlook, et se montrent prêts à nous refinancer si nous opérons la transformation de notre modèle économique. À quoi bon avoir inventé un *business model* supersonique, alors que les bonnes vieilles méthodes ont fait leurs preuves, sur le minitel notamment ? C'est un peu la solution de la dernière chance. Il s'agirait simplement de récupérer du contenu X, et de créer un site en parallèle du notre, sur lequel on orienterait nos internautes. Nous contactons les différents acteurs de ce marché fort bien structuré et très porté sur la division internationale du travail (le contenu est souvent produit en Roumanie). Après quelques rencontres, nous validons le fait de pouvoir récupérer un contenu de qualité, composé de strip-teases plus ou moins *hard*, diverses spécialités comme le fétichisme ou le SM, et le must, le strip-tease live en cabine. Cette fois-ci, c'est ma femme qui menace de divorcer !

Dans le feu de l'action, j'envisage sérieusement cette solution qui pourrait être la seule porte de sortie d'Unhomme.com. Avec un peu de recul, en réfléchissant plus froidement, je me rends compte de l'engrenage dans lequel je suis tombé pour sauver la boîte. Étais-je parti dans ce projet pour faire le site du « nouvel homme » ou pour devenir patron de *peepshow* ? Le manque de motivation tue les négociations qui finissent par capoter.

La conjoncture économique générale s'est tendue, face à la révision à la baisse des perspectives de croissance américaine. Le NASDAQ n'a cessé de s'effondrer, dégringolant en mars 2001 sous la barre des 2000 points, entraînant dans sa chute le Nouveau Marché français. À l'euphorie a succédé la frilosité. Les louanges pour le BtoC se sont transformées en une brutale prise de distance. La tension monte sur la péniche. Confronté à la perspective d'avoir gâché l'argent des actionnaires qui nous avaient fait confiance et d'envoyer notre équipe aux ASSEDIC, je suis dans un état de fatigue nerveuse croissante. Je m'accroche à tout espoir de solution comme à une bouée de sauvetage. Prêts à laisser partir le site pour un franc symbolique, nous recontactons les quelques industriels qui avaient témoigné d'un intérêt pour le projet. Mais ceux-ci se rétractent, échaudés par la perspective de récupérer une entité structurellement déficitaire, avant une reprise dont l'échéance semblait repoussée à des horizons indéterminés.

Comme pour tous les *business plans* faits il y un an alors que le marché était encore optimiste, nos prévisions ont été largement surévaluées. En relisant les premières versions du *business plan*, je constate avec effroi qu'il était initialement prévu de faire 1 MF de chiffre d'affaires publicitaire par mois. Nous avons été pris en tenaille entre la difficulté de trouver des fonds et le net ralentissement de la publicité en ligne. Dépensant 300 000 F par mois, pour des rentrées mensuelles proches de 50 000 F/mois, nous ne pouvions continuer sans apport externe. Avec une levée de fonds initiale plus importante, nous aurions pu tenir, le temps que le marché publicitaire reparte, ou que le marché s'éduque à la notion de services payants. Mais nos 5,5 MF ne nous autorisaient pas à patienter. Toute la stratégie de développement était construite autour d'une seconde levée de fonds qui n'a pas été au rendez-vous. Faute de trésorerie, nous nous sommes mis en cessation de paiement le vendredi 13 avril 2001, et avons été contraints de déposer définitivement le bilan le 26 avril. L'équipe s'est dispersée. Me voilà déjà dans la peau d'une ex-future star du net…

En l'espace d'un an, internet est passé dans l'opinion, du statut de média inconnu à celui de phénomène sociologique, d'ampleur inégalée dans l'univers professionnel, avant de redescendre en flèche, au rang de média peu qualitatif, incapable de gagner le moindre franc, publicitairement inefficace et techniquement défaillant.

Pourtant, très rapidement, le net va confortablement s'installer dans les habitudes de consommation des Européens en matière de médias. Le marché publicitaire suivra. Bien que cela ait été indispensable pour prendre position sur le marché, nous sommes arrivés un peu trop tôt, à un moment où la publicité en ligne était encore immature. Et nous étions trop fragiles. Prisonniers d'une spirale négative, nos efforts ne pouvaient aboutir. Nous n'avions pas encore recruté suffisamment d'internautes pour nous vendre comme un site d'audience (sur le modèle de Caramail, Spray ou Multimania). Et ne pouvions pas faire aboutir une transaction basée sur notre rentabilité. Attendre que le marché s'améliore pour pouvoir afficher des revenus suffisants n'était pas non plus une solution : nous n'en avions pas les moyens. Dommage qu'un phénomène conjoncturel ait mis fin à une aventure qui aurait pu s'inscrire dans la durée. Malgré les dépôts de bilan en cascade, le modèle BtoC a un avenir. La question est plutôt de savoir quand va-t-il véritablement décoller. Si le démarrage se fait trop attendre, la génération des start-ups ne pourra survivre en restant indépendante. Le marché poursuivra sa « rationalisation » et se concentrera aux mains de quelques acteurs-clés. L'effervescence entrepreneuriale n'aura pas fait long feu.

Les médias ont développé une mythologie de l'internet qui ne correspond que partiellement à sa réalité. Celle des excès, des jeunes à peine sortis de l'école, aux profils encore adolescents, à la tête d'entreprises, de l'argent facile, des réussites tapageuses,… Faut-il pour autant condamner cette année internet ?
Avec ses paillettes, cette façade nous offre une vision très partielle du marché. L'arbre ne doit pas cacher la forêt. La surface ne doit pas effacer le fond des choses, moins spectaculaire, mais infiniment plus important.

La naissance d'une nouvelle économie, l'auto-invention d'un secteur économique, qui ne va pas sans quelques dérapages, une énergie formidable, une envie de faire, d'avancer, de créer, une imagination débridée, sont à créditer à l'actif de cette année pas comme les autres. Des milliers de personnes ont pu réaliser leurs rêves d'autonomie et affirmer leur talent d'entrepreneur. Les mentalités ont évolué. Un nouveau souffle est passé sur l'économie. Il en restera toujours quelque chose.

On en a trop demandé, trop tôt à internet. Alors qu'il était présenté comme une sorte de Terre Promise, le net souffrait encore de nombreuses limites : une grande lenteur dans l'enchaînement des pages, interdisant un usage ludique de masse, un transfert des images animées encore balbutiant... d'où une évidente déception.

Ce qui compte, c'est d'assister à la naissance d'un nouveau média. En tant que média de contenu, internet ne prendra tout son sens qu'une fois que le flux des images maîtrisé par l'arrivée du haut débit, avec la naissance d'une véritable convergence où télévision, téléphone mobile, et sites web se développeront en un vaste réseau intégré. Dans cette logique de réseau, chaque média agira comme un prolongement et un complément des autres, plutôt que comme une simple répétition avec d'autres moyens. On constate déjà ce type de développements aux États-Unis où la plupart des grandes chaînes de télévision, CNN, NBC, ABC et Fox ont créé des services en ligne. L'utilisateur se divertira sur la chaîne TV, avant de pouvoir acheter en ligne les DVD des films évoqués sur la chaîne, ou accéder à une dimension service, participer à un chat sur le film qui vient d'être diffusé. Les programmes interactifs permettront d'accéder à des informations complémentaires et personnalisées, que les médias traditionnels ne peuvent délivrer.

De grandes thématiques (sport, finance, musique, cinéma...) ou communautés d'intérêts (seniors, femmes, ados...) deviendront le domaine privilégié de cette exploitation multi-supports. Chacune de ces thématiques donnera lieu à un système de communication, constitué de plusieurs médias, convergeant les un vers les autres. En juxtaposant jeux, rencontres et discussions virtuelles, cinéma, télévision, et activités récréatives, internet se positionnera comme un véritable carrefour. Au delà des produits, celui-ci proposera toute une gamme d'expériences culturelles, épousant et stimulant l'orientation de nos sociétés vers la sphère des loisirs et de l'immatériel.

Internet est encore un média en devenir, il faut lui donner du temps avant de porter un jugement définitif. L'aventure internet ne fait que commencer.

© Éditions d'Organisation